ईवलिन

ए टाइमलेस मदर

त्याग, अनंत प्रेम और विजय की सच्ची कहानी

सुचित मैसी

नोशन प्रेस

ए टाइमलेस मदर

NOTION PRESS

India. Singapore. Malaysia.

Published by Notion Press 2025

ISBN

Made with ♥ on the Notion Press Platform
www.notionpress.com

समर्पण

प्रिय माँ की स्मृति में

उस स्त्री के लिए जिसकी ममता की कोई सीमा नहीं थी,
जिसकी शक्ति ने हर तूफ़ान में हमें थामे रखा,
और जिसकी बुद्धिमत्ता ने हमारे जीवन की नींव रखी।

मेरी माँ, जिसने सिखाया कि प्रेम धैर्यवान होता है, विश्वास अडिग होता है, और परिवार जीवन की सबसे बड़ी पूँजी है।

आपकी मौन प्रार्थनाएँ, आपके कोमल स्पर्श, और आपके अथाह बलिदान मेरी आत्मा में अमिट रूप से अंकित हैं। यह पुस्तक आपकी यात्रा को समर्पित है—एक ऐसी यात्रा जो गरिमा, धैर्य और निष्ठा से परिपूर्ण थी।

आपकी कहानी युगों तक प्रेरणा बनी रहे, जैसे आपकी उपस्थिति हमारे हृदयों में सदा जीवित रहेगी।

**अनंत प्रेम और कृतज्ञता के साथ,
आपका बेटा**

भूमिका

कुछ लोग धन-दौलत छोड़ जाते हैं, कुछ अपनी उपलब्धियाँ, लेकिन केवल कुछ ही लोग प्रेम, त्याग और अटूट विश्वास की विरासत छोड़ जाते हैं। यह पुस्तक ऐसी ही एक महान स्त्री—मेरी माँ को समर्पित है। एक ऐसी स्त्री जो असीम शक्ति, बुद्धिमत्ता और गरिमा से परिपूर्ण थीं, जिन्होंने मेरे पिता के साथ 53 स्वर्णिम वर्षों का सफर तय किया।

"उसके पुत्र उठकर उसे धन्य कहते हैं, और उसका पति भी उठकर उसकी स्तुति करता है। बहुत सी स्त्रियाँ अच्छे-अच्छे काम करती हैं, लेकिन तू उन सबसे बढ़कर है। सुन्दरता तो झूठी और सुन्दरता क्षणभंगुर है, परन्तु जो स्त्री यहोवा का भय मानती है, उसकी प्रशंसा की जाएगी।" — **नीतिवचन** 31:28

उनकी यात्रा सिर्फ एक पत्नी, माँ, और शिक्षिका के रूप में कर्तव्यों का निर्वहन करने की नहीं थी, बल्कि यह दूसरों के जीवन को प्रेम, धैर्य और परमेश्वर पर अटूट विश्वास से सँवारने की कहानी थी।

उनकी शादी एक मिसाल थी—जीवनभर की प्रतिबद्धता, आपसी सम्मान और स्थायी प्रेम का प्रतीक। ऐसे मूल्य जो आज की दुनिया में दुर्लभ होते जा रहे हैं।

यह पुस्तक सिर्फ यादों का संकलन नहीं है; यह एक सुशोभित जीवन की गवाही है, यह याद दिलाने के लिए कि प्रेम और समर्पण पीढ़ियों तक जीवित रहते हैं।

आभार

मैं उन सभी का तहे दिल से आभार व्यक्त करता हूँ जिन्होंने इस पुस्तक को वास्तविकता में बदलने में मेरा साथ दिया:

- मेरे परिवार के सदस्य, जिन्होंने मेरी माँ की यादों और उनकी कहानियों को साझा किया।

- वे चिकित्सक और देखभाल करने वाले, जिन्होंने उनकी कठिन स्वास्थ्य चुनौतियों के दौरान अपूर्व सेवा प्रदान की।

- और सबसे बढ़कर, मैं परमेश्वर का धन्यवाद करता हूँ, जिन्होंने मुझे उनकी विरासत को शब्दों में ढालने की शक्ति दी और मुझे इतनी महान माँ का आशीर्वाद दिया।

प्रस्तावना

इस पुस्तक को लिखना मेरे लिए एक व्यक्तिगत और भावनात्मक यात्रा रही है। मेरी माँ, ईवलिन रॉस मैसी, सिर्फ मेरी माँ नहीं थीं, बल्कि मेरी मार्गदर्शक, मेरी नैतिक संहिता, और मेरा संबल थीं। उन्होंने समर्पण, विश्वास और प्रेम से परिपूर्ण एक जीवन जिया, और उनके मूल्य आज भी मेरे जीवन को आकार देते हैं।

लेकिन उनकी यात्रा अकेले नहीं थी। उन्होंने अपने पति, जॉर्ज मैसी के साथ 53 वर्षों की स्वर्णिम वैवाहिक यात्रा तय की—एक ऐसी यात्रा जो विश्वास, धैर्य और अटूट प्रतिबद्धता पर आधारित थी। उन्होंने विवाह को सिर्फ एक रिश्ता नहीं, बल्कि एक ज़िम्मेदारी, त्याग और प्रेम की गहरी अनुभूति के रूप में जिया।

मैं यह पुस्तक उन सभी महिलाओं के लिए लिख रहा हूँ जो विवाह के नए सफर में कदम रख रही हैं। यह पुस्तक उन्हें एक स्पष्ट दिशा दिखाएगी कि जब विवाह के जीवन में अनेक भूमिकाएँ निभानी पड़ें, कठिनाइयाँ आएँ, तब उन चुनौतियों को कैसे पार किया जाए। यह मेरी माँ की सच्ची कहानी के माध्यम से यह बताने का एक प्रयास है कि समर्पण, प्रेम, संघर्ष और धैर्य के साथ कैसे एक सफल और प्रेरणादायक जीवन जिया जा सकता है।

यह पुस्तक आपको एक ऐसा दृष्टिकोण देगी जो यह समझने में मदद करेगा कि एक महिला अपने परिवार, रिश्तों और स्वयं के प्रति कैसे सशक्त, प्रेरणादायक और संतुलित भूमिका निभा सकती है। मेरी माँ केवल एक माँ ही नहीं, बल्कि एक आदर्श, एक प्रेरणा और एक सशक्त महिला थीं, और मुझे आशा है कि इस पुस्तक को पढ़ने के बाद आप भी उनसे कुछ सीख पाएँगे।

मैं आपको उनकी प्रेम, संघर्ष और विजय की कहानी में आमंत्रित करता हूँ—एक ऐसी कहानी जो एक भारतीय माँ के निस्वार्थ प्रेम और अटूट समर्पण की गाथा कहती है।

– सुचित मैसी

विषय सूची:

1.

एक अमर उपस्थिति

शाम की हवा स्थिर थी, मिट्टी में दिनभर की हल्की बारिश की भीनी खुशबू घुली हुई थी। ठंडी हवा ने पेड़ों की पत्तियों को हिलाया, मानो बीते समय की कोई धीमी फुसफुसाहट हो।

एक कार धीरे से ग्रेवयार्ड के बाहर आकर रुकी। हेडलाइट्स की हल्की रोशनी पुराने गेट पर पड़ी और इंजन बंद हो गया। अंदर बैठा शख्स शांत था, उसकी उंगलियाँ स्टीयरिंग पर जमी थीं। गहरी सांस लेकर वह बाहर निकला, कदम भारी थे जैसे अतीत का बोझ हो। ठंडी हवा से टकराते हुए वह ग्रेवयार्ड में दाख़िल हुआ और पेड़ों की कतार के पास एक सफ़ेद क़ब्र के सामने ठिठक गया, नेमप्लेट पर नज़र टिक गई।

ईवलिन मैसी।

एक नाम—जो त्याग, प्रेम, और अटूट विश्वास की परिभाषा था। उसकी आँखों में बीते समय की धुंधली परछाइयाँ उभरने लगीं। यह सिर्फ़ एक क़ब्र नहीं थी—यह एक यादों का संसार था। उसने महसूस किया कि यह जगह अब भी ईवलिन की उपस्थिति से सराबोर है।

यह सिर्फ़ एक मुलाकात नहीं थी, यह एक स्मरण यात्रा थी। एक ऐसा सफर, जो उसे वापस उस स्त्री के

पास ले जा रहा था जिसने उसे संवारने में अपना पूरा जीवन लगा दिया था—जिसे शब्दों में बांध पाना असंभव था।

उसने अपनी आँखें बंद कीं, और जैसे ही अतीत के दरवाजे खुले—वह फिर से वहाँ था, ईवलिन की दुनिया में।

एक माँ का अटूट बंधन

वह मधुर आवाज़ जो हमेशा पूछती—*"बेटा, घर कब आ रहे हो?"*

ईवलिन के लिए माँ होना केवल पालन-पोषण नहीं था, बल्कि हर क्षण अपने बच्चों के साथ होने का नाम था। उसका अपने बेटे के साथ एक अनकहा, अटूट रिश्ता था—जो दूरी और समय से परे था।

जब उसका बेटा काम के सिलसिले में दूर चला गया, तब भी उसकी ममता हर दिन उसके साथ चलती रही। हर रोज़, बिना किसी दिन छोड़े, वह उसे फोन करती। *"काम पर ध्यान देना, मगर अपना भी ख्याल रखना,"* वह हमेशा कहती, उसकी आवाज़ में स्नेह और चिंता का मिश्रण होता।

चाहे बेटा कितना भी बड़ा हो गया हो, वह हमेशा उसकी माँ ही रही। उसे फ़िक्र होती कि उसने ठीक से खाया या नहीं, उसकी नींद पूरी हुई या नहीं, उसका ध्यान रखने वाला कोई है या नहीं। और जब भी वह घर लौटता, वह बस इंतजार नहीं करती, बल्कि अपनी पूरी आत्मा से उसकी राह देखती।

निस्वार्थ बलिदानों का जीवन

ईवलिन का जीवन विलासिता का नहीं था, यह समर्पण का था।

वह सिर्फ एक पत्नी, माँ, और शिक्षिका ही नहीं थी—वह एक श्रद्धालु विश्वासी भी थी। उसने हर भूमिका को इतने संतुलन और गरिमा से निभाया कि कोई थकान उसकी उष्णता को नहीं छीन सकी।

उसका दिन सूरज के उगने से पहले शुरू हो जाता। घर में चुपचाप, शांति से काम करते हुए—रसोई में सुबह की पहली आहट, चीजों को व्यवस्थित करना, यह सुनिश्चित करना कि बच्चे स्कूल जाने से पहले किसी चीज़ की कमी महसूस न करें।

वह शिक्षिका थी, लेकिन पढ़ाना उसके लिए सिर्फ नौकरी नहीं, एक बुलावा था। गर्मियों की झुलसा देने वाली धूप, जाड़ों की कँपकँपाती ठंड, बरसात की अनवरत वर्षा—कुछ भी उसे रोक नहीं पाया। वह दूरस्थ

गाँवों में पढ़ाने जाती, जहाँ शिक्षा एक सपना थी, और वह उसे हकीकत में बदलने के लिए दृढ़ थी।

उसके विद्यार्थी उसे पूजनीय मानते। उनके माता-पिता उसका सम्मान करते। वह सिर्फ एक सरकारी शिक्षिका नहीं थी, बल्कि एक मार्गदर्शक थी, एक प्रेरणा थी। वह अक्सर उन दिनों को याद करती जब वह घोड़ा-गाड़ी (तांगा) में बैठकर, गाँव की ऊबड़-खाबड़ पगडंडियों से स्कूल जाया करती।

पर उसने कभी शिकायत नहीं की। न एक बार भी।

हर जीवन में एक प्रकाश

वह सिर्फ अपने बच्चों की माँ नहीं थी, वह सभी की माँ थी। उसने एक ऐसा घर बनाया जहाँ प्यार और अनुशासन एक साथ चलते थे। वह अपने परिवार के लिए प्रार्थना करती, अपने विद्यार्थियों के लिए प्रार्थना करती, हर उस व्यक्ति के लिए प्रार्थना करती जिसे शक्ति की जरूरत थी।

विश्वास उसका हथियार था, उसका सहारा था, हर तूफान का उत्तर था। जब वह कक्षा में प्रवेश करती, वातावरण बदल जाता। उसके विद्यार्थी उसे देखते ही श्रद्धा से खड़े हो जाते।

उनके माता-पिता हाथ जोड़कर उसके पास आते, कृतज्ञता में सिर झुकाते। *"मैडम जी, अगर आप ना होतीं, तो हमारे बच्चों का क्या होता?"*

वह बस मुस्कुरा देती, आश्वासन का स्पर्श देते हुए। वह हर छात्र में संभावना देखती। उसके लिए शिक्षा एक अमूल्य उपहार था, जिसे कोई छीन नहीं सकता था।

और फिर भी, घर पर वह वही साधारण माँ बनी रहती—जो अपने बच्चों को स्कूल जाने से पहले आशीर्वाद देती, बिना किसी निर्णय के उनकी बातें सुनती, बिना हिचकिचाहट अपना सर्वस्व लुटा देती।

उसका प्यार बिना शर्त था। बिना शब्दों के, बिना किसी सीमा के, बिना टूटने की संभावना के।

वह एक माँ थी, एक शिक्षिका थी, एक पत्नी थी, एक बेटी थी—पर सबसे ऊपर, **वह एक अमर उपस्थिति थी।**

उसकी कहानी **सुनाई जानी चाहिए।**

2.

विरासत और आस्था की गूंज

लखनऊ की गलियाँ धीरे-धीरे सुबह की सुनहरी किरणों के आलिंगन में जाग रही थीं। तारीख थी **25 फरवरी 1942**।

एक साधारण, लेकिन प्रेम और विश्वास से भरे घर में, एक नवजात की कोमल लेकिन दृढ़ आवाज़ गूँज उठी—जैसे अपनी उपस्थिति की घोषणा कर रही हो।

वह बच्ची थी ईवलिन रॉस, वॉशिंगटन रॉस और उनकी धर्मपत्नी की सबसे छोटी संतान।

उसका जन्म **सिर्फ एक तारीख भर नहीं था, बल्कि एक ऐसी यात्रा की शुरुआत थी, जिसका प्रभाव आने वाली पीढ़ियों तक महसूस किया जाएगा—**एक जीवन, जो संघर्ष, करुणा, और अटूट विश्वास से परिपूर्ण था।

एक घर, एक कहानी

ईवलिन का बचपन एक फूस के घर में शुरू हुआ। वह महल नहीं था, लेकिन उसके आँगन में सपने पले-बढ़े थे।

हर सुबह, जब उसकी माँ रसोई में काम करतीं, तो ताज़े बने पराठों की खुशबू भजन की मधुर धुनों में घुल जाती। यह घर सिर्फ चार दीवारों का ढांचा नहीं था, यह प्रेम, परंपरा और परिवार की जड़ों से जुड़ा एक पवित्र स्थान था।

लेकिन इस घर तक का सफर आसान नहीं था।

उसके पिता वॉशिंगटन रॉस अपने परिवार के लिए एक सुरक्षित आशियाना बनाना चाहते थे।

खोज के दौरान, उन्हें एक ऐसा घर मिला जिसके बारे में डरावनी कहानियाँ प्रचलित थीं।

लोगों का कहना था कि वहाँ रूहें भटकती हैं, अनजानी परछाइयाँ दिखाई देती हैं।

पर रॉस साहब अंधविश्वास में यकीन नहीं करते थे।

"जहाँ विश्वास होता है, वहाँ अंधकार नहीं ठहरता।"

उन्होंने निर्भय होकर वह घर खरीद लिया।

धीरे-धीरे, वह 'भूतिया घर' एक प्रेममय और आस्थावान परिवार का आशियाना बन गया। उसकी दीवारों ने अब प्रार्थनाओं की गूँज और बच्चों की हँसी को अपना लिया था।

ईवलिन इन्हीं दीवारों के बीच बड़ी हुई। उसने सीखा कि साहस का अर्थ डर का अभाव नहीं होता, बल्कि उसके ऊपर उठना होता है।

उसके पिता का विश्वास अडिग था—जिसने उसे जीवन भर प्रेरित किया।

एक पिता का प्रेम और उपासना की धुन

बचपन से ही, ईवलिन अपने पिता की दुलारी थी।

सबसे छोटी संतान होने के कारण, वह उनके हृदय के सबसे करीब थी।रविवार की सुबहें उसके लिए सबसे खास होतीं।

वह अपने पिता और बड़ी बहन म्यूरियल के साथ चर्च जाती।

जैसे ही वे चर्च में प्रवेश करते, वहाँ भजनों की मीठी ध्वनि गूँजने लगती।

ईवलिन श्रद्धा से अपनी बड़ी-बड़ी आँखें उठाती और अपने पिता के पास बैठ जाती।

धीरे-धीरे, उसने भी आराधना में गाना शुरू किया।

गाना उसकी आत्मा का हिस्सा बन गया।

जैसे-जैसे वह बड़ी हुई, उसकी आवाज़ में और मधुरता और गहराई आती गई।

म्यूरियल के साथ मिलकर, उनके द्वंद्व भजन चर्च की दीवारों में गूँज

उठते।

लोग मंत्रमुग्ध होकर उनकी श्रद्धामयी ध्वनि को सुनते।

यह सिर्फ गायन नहीं था—यह उनके विश्वास और परवरिश की सजीव झलक थी।

शरारत की चमक

ईवलीन बचपन में हमेशा गंभीर नहीं रहती थी। उसकी आँखों में एक शरारती चमक थी, एक चंचलता जो पूरे घर को हँसी से भर देती थी। एक दिन, उसके पिता—जो पूरी तरह गंजे थे—आँगन में आए और सूखते कपड़ों की रस्सियों में उलझ गए।

झुंझलाते हुए बोले,

"ये कपड़े यहाँ मत फैलाया करो! मेरे बाल खराब हो जाते हैं!"

ईवलीन ने अपनी हँसी रोकने के लिए हाथ मुँह पर रख लिया और मासूमियत से मुस्कुराते हुए कहा,

"लेकिन पापा, आपके तो बाल ही नहीं हैं!"

घर के हर कोने में हँसी की गूँज फैल गई।

ऐसे ही पल थे जो उनके घर को केवल एक निवास स्थान नहीं, बल्कि

प्रेम और मुस्कान से भरी एक जीवंत दुनिया बनाते थे।

ज्ञान के प्रति प्रेम

ईवलीन का ज्ञान के प्रति प्रेम बचपन से ही अंकुरित हो गया था। वह उन बच्चों में थी जो किसी भी सवाल का उत्तर जाने बिना चैन नहीं लेती थीं।

अक्सर उसके पिता उसे रसोई के फर्श पर पालथी मारे बैठे पाते— हाथ में उल्टा पकड़ा हुआ किताब, और चेहरा गंभीर, जैसे बड़े लोग पढ़ते हैं।

एक दिन, मुस्कुराते हुए, उन्होंने पूछा,
"ईवलीन, तुम क्या पढ़ रही हो?"

ईवलीन ने बिना झिझके एक बाइबल की एक वर्स याद से दोहरा दी—चाहे वह शब्द आपस में कोई मतलब न रखते हों।
उसकी आवाज में आत्मविश्वास ऐसा था जैसे उसने दुनिया का सबसे बड़ा रहस्य पढ़ लिया हो।

उसके पिता हँसते हुए उसके बालों को सहलाते और कहते,
"बस ऐसे ही सीखती रहो, बेटा। तुम्हारी दुनिया एक दिन बहुत बड़ी होगी।"

और सचमुच, उसकी दुनिया बड़ी हुई—उस घर की दीवारों से परे, उन कक्षाओं तक जहाँ वह भविष्य में पढ़ाएगी, और उन अनगिनत दिलों तक, जिनसे वह अपनी करुणा और ज्ञान से जुड़ती चली जाएगी।

बचपन से ही ईवलीन का हृदय विश्वास से भरा था, उसका मस्तिष्क ज्ञान से आकार ले रहा था, और उसकी आत्मा सहनशीलता से मजबूत बनती जा रही थी।

उसने अपने माता-पिता में दृढ़ता देखी थी, अपने भाई-बहनों में प्रेम पाया था, और अपने घर में एकता का अदृश्य धागा महसूस किया था।

लेकिन समय स्थिर नहीं रहता।
जीवन उसे उस घर से दूर ले जाने वाला था—जिसे वह अब तक

अपनी पूरी दुनिया मानती थी—एक ऐसे भविष्य की ओर, जो उससे और भी अधिक शक्ति, धैर्य और त्याग की माँग करेगा।

उसके जीवन का अगला अध्याय प्रतीक्षारत था।

संघर्ष, परंतु कभी हार नहीं

ईवलिन ने गाँधी स्मारक स्कूल में शिक्षा प्राप्त की।

यह केवल एक विद्यालय नहीं था, यह वह स्थान था जहाँ उसने अनुशासन, धैर्य और परिश्रम के महत्व को समझा।

1960 और 70 का समय संघर्षों से भरा था।

सरकारी नौकरियों में वेतन बहुत सीमित था, और उसके पिता पर पाँच बच्चों की शिक्षा की पूरी ज़िम्मेदारी थी।

पर उन्होंने कभी हार नहीं मानी।

रात के अंधेरे में, जब बच्चे गहरी नींद में सो रहे होते, उसकी माँ मिट्टी के दीपक की हल्की रोशनी में बैठकर अपने थके हुए हाथ रगड़तीं।

वॉशिंगटन रॉस ने धीरे से उनके हाथों पर हाथ रखा।

"तुम बहुत मेहनत करती हो," उन्होंने कोमलता से कहा।

"पाँच बच्चों की परवरिश, घर संभालना—यह आसान नहीं। पर परमेश्वर देखता है, और वह हमें आशीर्वाद देगा।"

माँ ने हल्की चिंता के साथ उनकी ओर देखा, *"क्या यह सब काफी है? हमेशा कुछ और करने की ज़रूरत महसूस होती है।"*

पिता मुस्कुराए।

"क्या हमने कभी किसी चीज़ की कमी महसूस की? जब भी जरूरत हुई, परमेश्वर ने हमारी सुनी। हम प्रार्थना करते हैं, और वह उत्तर देता है।"

माँ का चेहरा नरम पड़ गया।

"हाँ, उसने हमेशा हमें राह दिखाई है।"

रॉस साहब ने उनका हाथ हल्के से दबाया।

"और हमारी आस्था ही हमारे बच्चों के लिए सबसे बड़ी विरासत होगी।"

उस एक शांत क्षण में, उनका बोझ थोड़ा हल्का हो गया।

क्योंकि अब वे अकेले नहीं थे—उनका विश्वास हमेशा उनके साथ था।

रेलवे की नौकरी : एक अवसर

समय के साथ जब ईवलीन के भाई भी युवावस्था में पहुंचे, तो उनके जीवन में रोजगार की चिंता सिर उठाने लगी। 60 और 70 के दशक में, रेलवे में नौकरी मिलना एक सम्मानजनक और स्थिर करियर माना जाता था। यदि परिवार में पहले से कोई रेलवे कर्मचारी होता, तो यह राह कुछ और आसान हो जाती थी।

वाशिंगटन रॉस स्वयं रेलवे सेवा में थे, और अपने सुदीर्घ ईमानदार कार्यकाल के चलते वे सही लोगों को भलीभांति जानते थे।

यह वह समय था जब नियुक्तियाँ केवल प्रमाणपत्रों पर नहीं, बल्कि व्यक्तिगत सिफारिशों और विश्वसनीयता पर भी आधारित होती थीं। अधिकारियों का अपने कर्मचारियों के परिवारों तक स्वयं पहुँच कर अवसर प्रदान करना आम बात थी। वाशिंगटन रॉस की सेवा और प्रतिष्ठा के कारण, उनके बेटों के लिए भी रेलवे विभाग के दरवाज़े सहज ही खुलते गए।

ईवलीन बड़ी होती गई, और उसके सामने स्पष्ट होता गया कि उसके पिता का समर्पण और ख्याति कैसे उसके भाइयों के भविष्य को आकार दे रही थी।

उन दिनों, एक सरकारी नौकरी विशेषकर रेलवे में, सामाजिक सम्मान और आर्थिक सुरक्षा दोनों का प्रतीक थी। और वाशिंगटन रॉस के वर्षों के समर्पण ने उनके परिवार को रेलवे महकमे में एक पहचान दिला दी थी।

एक दोपहर, जब वाशिंगटन रॉस अपने घर के बरामदे में बैठकर अखबार के पन्ने पलट रहे थे, एक परिचित रेलवे अधिकारी आ पहुँचे। धूप से बचने के लिए अपनी टोपी को थोड़ा झुकाते हुए उन्होंने मुस्कराकर अभिवादन किया।

"रॉस साहब," वे आत्मीय स्वर में बोले, *"अपने बेटों को दफ़्तर भेजिए। कुछ पद खाली हैं। अच्छा रहेगा कि वे भी पिता के पदचिह्नों पर चलें।"*

वाशिंगटन रॉस ने उनके प्रस्ताव को गंभीरता से सुना। उनके भीतर कृतज्ञता की लहर तो उठी, पर उनकी आँखों में एक सख्त संकल्प भी झलक उठा।

"आपकी उदारता के लिए आभारी हूँ," उन्होंने गहन स्वर में उत्तर दिया, *"पर मैं चाहता हूँ कि मेरे बेटे अपनी योग्यता से अपना स्थान अर्जित करें—न कि केवल मेरे नाम के सहारे।"*

उनके शब्द उनके चरित्र का प्रतिबिंब थे। वाशिंगटन रॉस न तो कभी अहसान की तलाश में रहे, न ही अपने बच्चों को किसी शॉर्टकट का आदी बनाना चाहते थे।

फिर भी, रेलवे की स्थिरता और सुरक्षा का आश्वासन अपने आप में एक वरदान था।

कुछ ही समय बाद, ईवलीन के भाई भी रेलवे परिवार का हिस्सा बन गए, अपनी मेहनत से उस परंपरा को आगे बढ़ाते हुए जिसे उनके पिता ने अपने खून-पसीने से सींचा था।

उनकी नौकरी लगने से घर की जिम्मेदारियाँ कुछ हल्की हुईं, और वाशिंगटन रॉस के माथे की रेखाओं में भी एक सुकून भर गया।

प्रेम और मूल्यों से बंधा एक परिवार

ईवलीन एक ऐसे परिवार में पली-बढ़ी जहाँ अनुशासन, आस्था और प्रेम जीवन के तीन अदृश्य स्तंभ थे।

उसके पिता, वाशिंगटन रॉस, रेलवे विभाग में कार्यरत एक सिद्धांतवादी पुरुष थे, जिनका जीवन स्थिरता और सुरक्षा का पर्याय था। उन्होंने अपने बच्चों के हृदय में कठिन परिश्रम, एकता और सेवा-भाव के बीज रोपित किए थे।

ईवलीन की माँ, एक समर्पित गृहिणी, स्नेह और अनुशासन के बीच अद्भुत संतुलन बनाए रखती थीं।

उनके स्पर्श में वह ममता थी जो जीवन का आधार बनती है, और उनके शब्दों में वह दिशा थी जो बच्चों को आस्था और उच्च नैतिक मूल्यों की ओर अग्रसर करती थी।

ईवलीन अपने चार भाई-बहनों में से एक थी, और उन सबका जीवन में गहरा प्रभाव रहा। उसका सबसे बड़ा भाई, डी. रॉस, रेलवे में कार्यरत एक बुद्धिमान और नेतृत्वकारी व्यक्तित्व था। वह पारिवारिक मामलों में गहराई से जुड़ा रहता, और सुनिश्चित करता कि रिश्तों में सदा सौहार्द बना रहे।

उसकी निष्ठा और कर्तव्य परायणता में उनके पिता की झलक स्पष्ट दिखती थी।

डी. रॉस की पत्नी नोरा और दो बेटी - गुड़िया और पिंकी का ईवलीन से विशेष स्नेह था। वे उसे मार्गदर्शक और संरक्षक के रूप में देखती थीं—एक ऐसा चेहरा, जिसमें विश्वास और अपनापन दोनों समाहित थे। उसका दूसरा भाई, एल. रॉस, रेलवे में उच्च पदस्थ अधिकारी था।

अपने प्रभावशाली व्यक्तित्व और गरिमामयी कद-काठी के कारण वह जहाँ भी जाता, सम्मान प्राप्त करता।

एल. रॉस के परिवार में विली, जिमी, डॉनी, किटी और सैमी थे। इनमें से किटी और ईवलीन के बीच एक विशेष रिश्ता था— माँ जैसा, ईवलीन ने किटी को बचपन से ही माँ जैसा प्यार दिया था। सबसे छोटे भाई, एस. रॉस, के साथ भी ईवलीन का विशेष जुड़ाव था। एस. रॉस अस्पताल में सेवा देते हुए चर्च के कल्याण कार्यों में भी सहभागी बना। उनके तीन बेटे—मिक्की, हैमिंग, वैल्लिंग और एक बेटी बिब्बो थी।

इनमें से बिब्बो का ईवलीन से गहरा लगाव था। वह अकसर उसकी कहानियाँ सुनने बैठती, उसकी गोद में सिर रखकर उन मूल्यों को चुपचाप आत्मसात करती जो कहे बिना भी संप्रेषित हो जाते थे।

उसकी शक्ति की नींव

ईवलीन के जीवन का मूलाधार था—आस्था। एक छोटी सी लौ, जिसे सबसे पहले उसके माता-पिता ने प्रज्वलित किया था। बचपन से ही चर्च जाना उसके जीवन का अभिन्न हिस्सा बन गया था।

हर प्रवचन, हर पद, हर उपदेश उसके कोमल मन में उतरता चला गया।

उसके घर में करुणा और विनम्रता केवल शब्द नहीं थे—वे जीवन जीने की शैली थे।

उसके पिता अकसर उसे याद दिलाते, *"हमेशा दूसरों की मदद करो, बिना किसी स्वार्थ के।"*

और ईवलीन, अपने बाल मन से उन शब्दों को आत्मा में संजोती चली गई। उसने सीखा—हर इंसान में अच्छाई देखना, हर परिस्थिति को धैर्य और गरिमा से सँभालना।

ये छोटे-छोटे पाठ, समय के साथ उसके जीवन के मजबूत स्तंभ बन गए।

पर केवल आस्था ही पर्याप्त नहीं थी। शिक्षा भी उसके भविष्य की एक मजबूत नींव थी। वाशिंगटन रॉस इस बात को लेकर अटल थे कि उनके सभी बच्चों को उत्तम शिक्षा प्राप्त करनी चाहिए।

उन्होंने कठिनाइयों के बावजूद यह सुनिश्चित किया कि किसी भी संतान का भविष्य शिक्षा के अभाव में संकुचित न हो।

उसके पिता का कर्तव्य के प्रति समर्पण केवल अपने पेशे तक सीमित नहीं था।

पूरा रॉस परिवार एक अदृश्य धागे से बंधा था—घर, विश्वास और समुदाय की निःस्वार्थ सेवा से।

ईवलीन की माँ—मधुर किंतु अडिग उपस्थिति—ने यह सुनिश्चित किया कि प्रेम और अनुशासन एक-दूसरे के पूरक बनकर घर में बसे रहें।

वह हर कार्य को ऐसी सहजता और कुशलता से निभातीं कि घर की धड़कनें सुचारु रूप से चलती रहीं।

अपने पति का कंधे से कंधा मिलाकर साथ देते हुए, उन्होंने बच्चों के जीवन को स्नेह और दृढ़ता से आकार दिया।

उनके माता-पिता के इस साझेपन—इस पारस्परिक सम्मान और साझी जिम्मेदारी—ने ईवलीन को भविष्य का नक्शा थमा दिया।

यही आदर्श आगे चलकर उसके अपने दांपत्य जीवन और परिवार के संचालन की प्रेरणा बने।

परिवार की एकता की विरासत

ईवलीन की स्मृतियों में एक और अनमोल चित्र अंकित था—अपने

पिता का वह अद्भुत प्रयास जिससे विस्तारित परिवार में भी सदा सौहार्द बना रहा।

जब उनके पुत्रों के विवाह हो गए, तब भी वाशिंगटन रॉस ने संयुक्त परिवार की परंपरा को जीवित रखा। घर में सभी सदस्य एक-दूसरे के सहायक बने रहे।

हर बहू ने अपनी-अपनी बारी से रसोई और घरेलू कार्यों की ज़िम्मेदारी संभाली, और इस तरह एक दुर्लभ और प्रशंसनीय एकता की मिसाल कायम हुई।

घर में अनेक जिंदगियाँ थी, पर धड़कनें बस एक थी—सहयोग, आदर और आत्मीयता की एक सम्मिलित धड़कन।

यह गहरा भाव, जो उनके पिता ने बड़ी सूझबूझ और प्रेम से सींचा था, ईवलीन के जीवन-दर्शन का अभिन्न हिस्सा बन गया। उसी एकता से उसने सीखा कि परिवार केवल खून का रिश्ता नहीं होता—यह विश्वास, सम्मान और साझे दायित्वों की अदृश्य डोर से बंधा होता है।

उसका बचपन का घर भी उसी एकता की तस्वीर था। एक लंबा गलियारे जैसा विशाल हॉल—जिसे शुरू से किसी दीवार ने विभाजित नहीं किया था—जहाँ पूरा परिवार साथ रहता था। कोई दरारें नहीं, कोई दीवारें नहीं, केवल एक साझा जीवन।

पर शायद सबसे प्यारा कोना था वह विशालकाय लकड़ी का पलंग— इतना ऊँचा कि सभी बच्चे उस पर चढ़ कर न केवल सोते, बल्कि खेलते, कहानियाँ बुनते और सपने देखना सीखते थे। वह पलंग केवल एक फर्नीचर का टुकड़ा नहीं था; वह एक छोटा-सा संसार था—फुसफुसाई कहानियों का अड्डा, बेफिक्र खेलों की शरणस्थली, और वह सजीव प्रतीक जो उस परिवार के बंधन को अनंत तक जोड़ता चला गया।

वर्षों बीत गए, समय बदला, पर वह पलंग और उस पर पसरी हुई मासूम हँसी की यादें ईवलीन के मन में अमिट रह गईं—उन प्रेम की नींव की तरह, जो कभी जर्जर नहीं होती।

एक माँ, जो सिर्फ अपने बच्चों की नहीं थी

ईवलिन अपने परिवार की सबसे छोटी संतान थी, परंतु वह सभी के लिए 'छोटी फुप्पो' बन गई।

उसने सिर्फ अपने बच्चों को ही नहीं, बल्कि अपने भतीजे-भतीजियों को भी माँ जैसा प्रेम दिया। उसके लिए परिवार का अर्थ सिर्फ रक्त संबंध नहीं था—बल्कि प्रेम, बलिदान और एक-दूसरे की परवाह करना था।

उसका घर सिर्फ चार दीवारों का ढांचा नहीं था—यह एक मंदिर था, जहाँ प्रेम, अनुशासन और आस्था गूंजती थी।

एक विरासत, जो अमर रहेगी

जहाँ ईवलिन बड़ी हुई, वह घर अब ईंट और गारे का ढांचा मात्र नहीं था—वह प्रेम की एक जीवंत निशानी था।

वह केवल अपनी यादें लेकर नहीं गई—वह एक विरासत छोड़ गई।

उसके पिता की बुद्धिमत्ता, उसकी माँ की करुणा, उसके भाई-बहनों की हँसी, और उस परिवार का अटूट प्रेम जिसने उसे कभी अकेला नहीं छोड़ा।

और इन्हीं मूल्यों के साथ, वह आगे बढ़ी—एक पत्नी बनने, एक माँ बनने, और एक शिक्षिका बनने।

लेकिन उसकी असली यात्रा तो अब शुरू हो रही थी...

3:

व्यक्तिगत और व्यावसायिक जीवन

एक नई शुरुआत

मई की गर्मी अपने चरम पर थी। **25 मई 1971** का वह दिन, खुशियों, संगीत और पारिवारिक प्रेम से भरा हुआ था।

चमकते हुए शादी के दीयों की रोशनी में, ईवलिन मैसी अपने जीवन के एक नए अध्याय में कदम रख रही थीं—एक ऐसी यात्रा, जिसमें प्रेम, समर्पण और परिवार के प्रति अटूट निष्ठा की परीक्षा थी। उनकी शादी एक भव्य समारोह था, जिसमें संस्कारों की गहरी छाप थी।

तीन पादरियों ने इस पवित्र विवाह को आशीर्वाद दिया, जिससे यह सिर्फ एक रस्म नहीं, बल्कि एक आध्यात्मिक अनुष्ठान बन गया।

जैसे ही चर्च की दीवारों में प्रार्थनाओं की गूँज उठी, ईवलिन सफेद जोड़े में गरिमा से खड़ी थीं, अपने जीवनसाथी के साथ इस नए सफर की शुरुआत करने के लिए।

पर इन तमाम खुशियों के बीच, एक पल ऐसा था, जो हमेशा उनकी यादों में अमिट रहेगा—वह पल, जब पहली बार उन्होंने अपने होने वाले पति की झलक देखी। *"उस दिन मैंने तुम्हारे पिता को नहीं देखा,"* वे अक्सर अपने बच्चों से हँसते हुए कहती थीं।

"मैंने बस उनके जूते देखे थे!" यह एक अलग समय था।

तब प्रेम का प्रदर्शन आज की तरह खुलकर नहीं किया जाता था।

संस्कारों का मान रखा जाता था, और नववधू को संयम और विनम्रता का प्रतीक माना जाता था।

ईवलिन भी इन परंपराओं की गहराई को समझती थीं और उन्हें पूरे सम्मान के साथ निभा रही थीं।

वह अब एक नए घर में, एक नई दुनिया में प्रवेश कर रही थीं।

अपने माता-पिता के दिए हुए संस्कारों को उन्होंने अपनी आत्मा में बसाया हुआ था, लेकिन अब उन्हें एक पत्नी, बहू और आगे चलकर एक माँ की भूमिका निभानी थी।

एक नए परिवार के साथ सामंजस्य

ईवलिन का नया जीवन उनके पति जॉर्ज मैसी के परिवार के साथ शुरू हुआ।

जॉर्ज एक समर्पित सरकारी कर्मचारी थे, जो नॉर्दर्न रेलवे विभाग में कार्यरत थे।

उनका परिवार रेलवे क्षेत्र में एक मजबूत विरासत रखता था।

उनके पिता एक ट्रैवलिंग टिकट एग्ज़ामिनर (TTE) थे, जो अपने अनुशासन और कर्तव्यनिष्ठा के लिए जाने जाते थे।

यह संस्कार उन्होंने अपने बच्चों में भी डाले। जॉर्ज, अपने परिवार में सबसे बड़े थे।

उनका एक छोटा भाई, एक बहन और उनके बड़े ताऊजी थे।

ईवलिन के साथ विवाह के बाद, उनके कंधों पर परिवार की ज़िम्मेदारी और बढ़ गई थी।

परिवार का हर सदस्य उन पर निर्भर था, और उन्हें इसे पूरी ईमानदारी से निभाना था।

नई ज़िंदगी, नई चुनौतियाँ

ईवलिन की माँ का निधन शादी से पहले हो चुका था। इसी तरह, जॉर्ज के माता-पिता भी उनकी शादी देखने के लिए इस दुनिया में नहीं थे।

इसलिए, जब ईवलिन ने ससुराल में कदम रखा, तो उनके पास ना माँ का साथ था, ना सास-ससुर की देखभाल।

फिर भी, उन्होंने अपने माता-पिता के दिए हुए संस्कारों को अपने मन में बसाया और मजबूती से इस नए परिवार को अपनाया।

नए घर की नई परंपराओं को उन्होंने सहजता से स्वीकार किया।

परिवार की देखभाल, रिश्तों में सामंजस्य और घर के वातावरण में मिठास बनाए रखना, यह सब उन्होंने पूरी निष्ठा से किया।

यह एक नई ज़िंदगी थी—एक ऐसा सफर, जहाँ त्याग उनका स्वभाव बन गया और प्रेम उनकी प्रेरणा।

एक रहस्यमयी सपना – माँ का आशीर्वाद

शादी के बाद, ईवलिन धीरे-धीरे अपने नए घर में बस रही थीं।

पर कभी-कभी, वह अपनी माँ की अनुपस्थिति को गहराई से महसूस करतीं।

एक रात, जब वह अपनी नई गृहस्थी में व्यस्त थीं, तो उन्होंने एक ऐसा सपना देखा, जो वास्तविकता जैसा प्रतीत हुआ।

स्वप्न दृश्य कमरे में हल्की रोशनी थी। तेल का दीपक मद्धम-मद्धम जल रहा था।

बाहर, तेज़ हवा पेड़ों के बीच सरसराहट कर रही थी।

ईवलिन खिड़की के पास खड़ी थीं। अचानक, काँच के पीछे एक आकृति उभर आई।

एक स्त्री, सफेद परिधान में, धीरे-धीरे उनकी ओर देख रही थी।

ईवलिन की साँसें रुक गईं।

उसका चेहरा हल्के प्रकाश में ढका हुआ था, परंतु ईवलिन जानती थीं... वह उनकी माँ थीं।

"बेटा, तुम अपने नए घर में खुश तो हो?"

उनकी माँ की आवाज़ गहरी ममता और चिंता से भरी हुई थी।

ईवलिन को एक अद्भुत शांति और सुकून महसूस हुआ।

उनके होंठों पर हल्की मुस्कान आई। *"हाँ माँ, मैं बिल्कुल ठीक हूँ!"*

और फिर, वह आकृति धीरे-धीरे प्रकाश में विलीन हो गई।

एक आशीर्वाद, जो हमेशा बना रहा

सुबह जब ईवलिन उठीं, तो उनके मन में वह सपना ताज़ा था।

जैसे उनकी माँ बस एक बार देखने आई हों—यह सुनिश्चित करने कि उनकी बेटी सही सलामत है, खुश है।

उस दिन के बाद, उन्होंने यह सपना कई बार अपने बच्चों को सुनाया।

"मैंने उन्हें दोबारा कभी नहीं देखा," वे कहतीं, *"पर मुझे पता है कि वे उस रात आई थीं... सिर्फ़ एक पल के लिए, मुझे आशीर्वाद देने।"*

और तब से, ईवलिन को यह विश्वास हो गया कि उनकी माँ का प्रेम मृत्यु

से भी परे था।

यह सपना उनकी आत्मा में बसा रहा—एक कोमल, मगर अमिट याद...

यह साबित करने के लिए कि जो लोग हमें सच्चे प्रेम से चाहते हैं, वे कभी वास्तव में हमसे दूर नहीं होते।

शिक्षण का सफर – एक नई राह

एक चिंगारी जो जल उठी

ईवलिन हमेशा से सीखने के प्रति स्वाभाविक झुकाव रखती थी। बचपन से ही, वह ज्ञान की शक्ति को सराहती थी—कैसे एक शिक्षक छोटे-छोटे बच्चों के जीवन को आकार दे सकता है, उन्हें अंधकार से प्रकाश की ओर ले जा सकता है।

लेकिन, तब तक उसने कभी यह नहीं सोचा था कि वह खुद भी एक शिक्षक बन सकती है।

फिर, एक दिन, किसी ने उसमें वह क्षमता देखी, जो शायद उसने खुद भी कभी महसूस नहीं की थी।

वह शख्स थीं—हैरिएट जेनीया, जिन्हें ईवलिन प्यार से 'बुआ' कहती थी।

वह ईवलिन के सबसे बड़े भाई की पत्नी की बहन थीं—एक समझदार और दृढ़ संकल्पी महिला। उन्होंने अपना जीवन शिक्षा को समर्पित कर दिया था और जानती थी कि शिक्षण का कार्य केवल एक पेशा नहीं, बल्कि समाज को संवारने की जिम्मेदारी होती है।

लेकिन उनके लिए यह भूमिका केवल शिक्षा तक सीमित नहीं थी—वह एक मार्गदर्शक थीं, एक प्रेरणा, एक मजबूत ताकत, जो न केवल ईवलिन बल्कि उसकी बड़ी बहन को भी आगे बढ़ने का हौसला दे रही थीं।

एक दोपहर, जब ईवलिनऔर उसकी बड़ी बहन बुआ के पास बैठी थीं, उन्होंने अचानक पूछा,

"ईवलीन, क्या तुमने कभी शिक्षिका बनने के बारे में सोचा है?"

ईवलिन ने चौंक कर उनकी ओर देखा। शिक्षिका?

"शिक्षिका?" उसने दोहराया, अपनी बहन म्युरिअल की ओर देखते हुए।

बुआ मुस्कुराई। *"हाँ! तुम्हारे पास वो सब कुछ है जो एक अच्छी शिक्षिका में होना चाहिए—धैर्य, अनुशासन और एक सच्चा, दयालु हृदय। शिक्षण केवल किताबों का ज्ञान नहीं है, ईवलीन। यह जीवन गढ़ने की कला है। और तुम यह कर सकती हो।"*

बड़ी बहन भी ध्यान से सुन रही थी।

बुआ का यह संदेश केवल ईवलिन के लिए नहीं था, बल्कि दोनों बहनों के लिए था।

उन्होंने आगे कहा, *"अगर तुम दोनों शिक्षक बनती हो, तो यह सिर्फ तुम्हारी जिंदगी नहीं बदलेगी, बल्कि अनगिनत बच्चों का भविष्य भी संवर जाएगा। सोचो इस बारे में।"*

उस दिन एक बीज बोया गया—ईवलिन के दिल में, और उसकी बहन के दिल में भी।

दो बहनें, एक सपना

सबसे पहले, ईवलिन की बड़ी बहन म्युरिअल ने इस राह को अपनाने का फैसला लिया।

बुआ की बातों से प्रेरित होकर, उन्होंने शिक्षा के क्षेत्र में कदम रखा और ईवलिन के लिए एक उदाहरण पेश किया।

ईवलिन ने अपनी बहन को इस यात्रा पर जाते देखा, यह महसूस किया कि शिक्षा केवल ज्ञान देने का साधन नहीं, बल्कि आत्मनिर्भरता और सम्मान प्राप्त करने का एक अवसर था।

धीरे-धीरे, शिक्षिका बनने का विचार अब अजनबी नहीं लगा—यह एक बुलावा बन गया। शादी से पहले ही वह छोटे से निजी विद्यालय में पढ़ाने लगी थी — गणेशगंज स्थित 'गुरुनानक स्कूल', जहां उसका वेतन अत्यंत सीमित था।

महीने के अंत में मिलने वाली छोटी सी तनख्वाह न तो बड़ी इच्छाएं पूरी कर सकती थी, न ही आराम की ज़िंदगी दे सकती थी। लेकिन ईवलिन के लिए वो वेतन सेवा का प्रतीक था, आत्मसम्मान का प्रतीक था।

उस मामूली वेतन में भी वह अपने भतीजों और भतीजियों को छोटा-सा जेबखर्च देना नहीं भूलती थी।

हर बच्चा जब उसकी हथेली में चुपचाप रखी कुछ सिक्कों को पाता, तो उसकी मुस्कान ईवलिन के दिल में सूरज-सी उजास भर देती।

वह जानती थी कि शायद आज ये छोटा-सा सहयोग कल उनके आत्मविश्वास का बीज बनेगा।

विवाह के बाद यह संकल्प और भी कठिन हो सकता था। क्या उसे अनुमति मिलेगी? क्या वह पढ़ा सकेगी?

पर बुआ की अटूट आस्था और बहन की राह को देखकर, ईवलिन ने निश्चय कर लिया —वह शिक्षा की सेवा नहीं छोड़ेगी, चाहे राह कितनी भी कठिन क्यों न हो।

क्योंकि यह केवल उसकी नौकरी नहीं थी, यह उसकी पहचान, उसकी आस्था और उसकी आत्मा की पुकार थी।

विचारों की टकराहट

एक शाम का सूरज सोने जैसी रोशनी बिखेर रहा था।

ईवलिन अलमारी के पास खड़ी थी, धीरे-धीरे अपनी साड़ी को तह कर रही थी।

घर का माहौल शांत तो था, लेकिन उसमें एक अदृश्य तनाव भी झलक रहा था।

आज रात, वह जॉर्ज को अपने फैसले के बारे में बताएगी।

कई दिनों से वह इस विचार से जूझ रही थी।

क्या वह सही कर रही थी? क्या यह संभव था?

लेकिन उसे यह भी पता था कि उसके पति की सोच इससे मेल नहीं खाती।

डाइनिंग टेबल पर बैठे जॉर्ज चुपचाप लैम्प की बाती को समायोजित कर रहे थे।

उनकी गति धीमी और शांत थी, लेकिन उनके चेहरे पर एक अलग सी गंभीरता थी।

वह पहले ही ईवलिन के बदले हुए व्यवहार को महसूस कर चुके थे।

फिर भी, उन्होंने इंतजार किया।

आखिरकार, ईवलिन ने हिम्मत जुटाई और कहा—

"मैं शिक्षिका बनना चाहती हूँ, मैं पढ़ना चाहती हूँ।"

उसकी आवाज़ स्थिर थी, लेकिन दिल तेज़ी से धड़क रहा था।

जॉर्ज का हाथ बीच में ही रुक गया।

लैम्प की लौ उनके बीच हल्की सी कांपी।

वह धीरे-से पीछे हटे और एक गहरी सांस ली।

"शिक्षिका?" उन्होंने दोहराया, उनकी आवाज़ में एक ठहराव था।

ईवलिन ने सिर हिलाया। *"हाँ। मुझे एक स्कूल से ऑफर मिला है। यह छोटा स्कूल है, लेकिन एक शुरुआत हो सकती है। मैं... मैं इसे करना चाहती हूँ।"*

जॉर्ज ने गहरी सांस ली और सिर झटका।

"तुम्हारे पास घर है, परिवार है, और मुझे भी संभालना है। इस सब की क्या ज़रूरत है?" उनकी आवाज़ में दृढ़ता थी।

ईवलिन पीछे नहीं हटी।

उसने पहले ही यह विरोध आने की उम्मीद की थी।

लेकिन अब उसके भीतर भी एक नयी शक्ति थी।

"मैं दोनों संभाल सकती हूँ," उसने शांत लेकिन आत्मविश्वास से कहा।

"मैं अपने घर की जिम्मेदारी नहीं छोड़ूँगी, लेकिन मैं कुछ सार्थक करना चाहती हूँ। मुझे पढ़ाना है।"

जॉर्ज का चेहरा कठोर हो गया।

"और मेरे बारे में क्या? क्या तुम चाहती हो कि मैं हर सुबह तुम्हें स्कूल छोड़ने जाऊँ? क्या तुम्हें लगता है कि मेरे पास इतना समय है?"

ईवलिन के जबड़े भींच गए। *"मैंने तुमसे कभी यह नहीं माँगा।"*

जॉर्ज हँसा, जैसे उसे जवाब पहले से पता था। *"अच्छी बात है। क्योंकि मैं नहीं जाऊँगा। अगर तुम यह नौकरी करती हो, तो खुद जाओ।"*

कमरे में कठोर खामोशी छा गई। ईवलिन ने बिना झुके, सीधे उसकी आँखों में देखा। *"ठीक है,"* उसने दृढ़ स्वर में कहा।

फिर वह पीछे हटी। गुस्से में नहीं—बल्कि संकल्प में।

समर्पण की शक्ति

उस दिन, ईवलिन ने अपने भीतर एक अलग तरह की आग महसूस की।

एक महिला, एक पत्नी, होते हुए भी, वह एक शिक्षिका बनने के लिए दृढ़ थी।

शायद समाज, परिस्थितियाँ और लोग उसके रास्ते में आएंगे।

लेकिन उसकी आत्मा अब और रुकने को तैयार नहीं थी। क्योंकि यह केवल उसका सपना नहीं था—यह उसका उद्देश्य था।

एक निःशब्द जीत

अगली सुबह, ईवलिन हमेशा की तरह तड़के उठी। उसने चुपचाप नाश्ता तैयार किया, घर के कामों को निपटाया और फिर बिना कुछ कहे, दरवाज़े से बाहर निकल गई।

हवा में सुबह की ताज़गी घुली थी। हल्का नीला आसमान, अधजगा शहर, और ईवलिन की तेज़ चलती क़दमों की आवाज़।

यह केवल स्कूल जाने का सफर नहीं था—यह खुद को साबित करने की पहली परीक्षा थी।

हर दिन, वह बिना किसी सहारे, बिना किसी मंज़ूरी की प्रतीक्षा किए, अपनी नियति की ओर बढ़ती रही। समय बीतता गया। हफ़्ते महीनों में बदले और जॉर्ज ने दूर से देखा।

वह देखता था कि ईवलिन हर शाम घर लौटती—थकी हुई, पर संतुष्ट।

वह देखता था कि वह बिना शिकायत, हर काम को निभाती—घर, परिवार और अपने सपनों को एक साथ संतुलित करती।

फिर एक शाम, जॉर्ज ने अचानक अपनी चाबियाँ उठाईं।

"चलो, कल मैं तुम्हें स्कूल छोड़ दूँगा," उसने संक्षिप्त सा कहा।

ईवलिन चौंकी। *"सचमुच?"* जॉर्ज ने एक गहरी साँस ली।

"तुम ज़िद्दी हो, ईवलीन। अगर मैं तुम्हें नहीं छोड़ूँगा, तो भी तुम जाओगी ही। कम से कम इस तरह मुझे तसल्ली रहेगी कि तुम सही-सलामत पहुँचोगी।"

ईवलिन मुस्कुराई, लेकिन कुछ नहीं कहा। क्योंकि वह जानती थी—यह लड़ाई वह पहले ही जीत चुकी थी।

पहली यात्रा साथ में

सुबह की पहली किरण के साथ, जॉर्ज ने अपनी साइकिल निकाली और हवा चेक की।

"चलें?" उसने हल्की मुस्कान के साथ पूछा। जॉर्ज ने सिर हिलाया और पीछे की सीट पर हाथ रखा। *"ठीक से बैठो, ज्यादा हिलना मत।"*

ईवलिन धीरे से पीछे बैठ गई, साइकिल के दोनों किनारों को हल्के से थामे।

जैसे ही जॉर्ज ने पैडल मारा, हवा उसके चेहरे को छूती हुई निकली।

यह पहली बार था, जब जॉर्ज ने अपनी नापसंदगी को शब्दों में नहीं, बल्कि अपने साथ होने के एहसास में बदल दिया था।

उसने कुछ नहीं कहा, परंतु रास्ते की हर धक्के से बचाते हुए, यह सुनिश्चित किया कि सफर आरामदायक रहे।

लखनऊ की खाली सड़कों पर, एक साइकिल आगे बढ़ रही थी— उसके साथ एक समझ, एक स्वीकृति, और एक अघोषित समर्थन।

ईवलिन को ज़रूरत नहीं थी कि जॉर्ज उसे स्कूल छोड़े।

पर अब, जॉर्ज खुद उसे छोड़ना चाहता था।

समर्पण की विरासत

ईवलिन की अध्यापन यात्रा छोटे स्कूलों से शुरू हुई।

उसकी पहली तनख्वाह मात्र 200 रु थी।

इतनी छोटी राशि में एक परिवार नहीं चलाया जा सकता था, परंतु ईवलिन के लिए यह केवल एक नौकरी नहीं थी।

यह उसका मिशन था। हर सुबह, वह अपने घर की ज़िम्मेदारियाँ पूरी कर स्कूल जाती। भले ही तनख्वाह कम थी, पर उसकी मेहनत में कोई कमी नहीं थी।

परंतु परमेश्वर के पास उसके लिए बड़ी योजनाएँ थीं।

धीरे-धीरे, रास्ते खुलते गए। छोटे निजी स्कूलों से, उसने सरकारी स्कूलों तक का सफर तय किया—जहाँ न केवल स्थिरता थी, बल्कि उसके योगदान को पहचान भी मिली।

लेकिन यह बदलाव आसान नहीं था। यह संघर्षों से भरा था—लंबे घंटे, सीमित संसाधन, और लगातार आगे बढ़ने की चुनौती।

लेकिन हर बीते साल के साथ, वह सीढ़ियाँ चढ़ती गई—भरोसे और समर्पण के साथ।

प्रतापगढ़ से कंकाहा, निगोहां से मोहनलालगंज, लीलमठा से मलिहाबाद तक—हर रास्ता किसी दैवीय योजना की तरह खुलता गया। जो एक मामूली नौकरी से शुरू हुआ था, वह एक ऐसे सफर में बदल गया जिसने कई पीढ़ियों को प्रभावित किया।

ईवलिन हमेशा मानती थी—अगर व्यक्ति ईमानदारी और विश्वास से चलता है, तो परमेश्वर राह दिखाता है।

और यही विश्वास उसकी सच्चाई बन गया।

सिर्फ एक अध्यापिका नहीं

स्कूल की घंटी बजी। बच्चों की चहचहाहट आँगन में गूँज उठी।

ईवलिन हाथों में किताबें थामे, ऊँची खड़ी थी—साड़ी करीने से पहनी हुई, आँखों में आत्मविश्वास।

वह सिर्फ एक शिक्षिका नहीं थी। वह मार्गदर्शक थी, अनुशासन का प्रतीक थी, और बहुत से बच्चों के लिए एक प्रेरणा।

उसकी कक्षा हमेशा भरी रहती—50 से 60 ग्रामीण बच्चे कक्षा में बैठे

रहते, आँखों में जिज्ञासा लिए।

इतने बड़े समूह को संभालना आसान नहीं था, लेकिन ईवलिन ने इसे सहज बना दिया।

उसकी आवाज़ में गहराई थी, उसकी उपस्थिति में सम्मान।

वह केवल पाठ नहीं पढ़ाती—वह सीखने की प्रेरणा जगाती।

"कोई बता सकता है, एक हेक्टेयर में कितने वर्ग मीटर होते हैं?"

कई हाथ ऊपर उठे। ईवलिन मुस्कुराई और एक कोने में बैठी शर्मीली लड़की की ओर इशारा किया।

"आप बताओ, सुनीता?" लड़की झिझकी, फिर धीरे से बोली— *"10,000?"*

ईवलिन का चेहरा चमक उठा। *"बिल्कुल सही! बहुत अच्छा!"*

बच्चों के चेहरे गर्व से खिल उठे। यह उसकी शैली थी—सख्त, परंतु दयालु।

वह हमेशा हर छात्र को आगे बढ़ने के लिए प्रेरित करती थी।

शिक्षण से परे

ईवलिन के लिए, स्कूल केवल शिक्षा का केंद्र नहीं था। यह एक स्थान था जहाँ सपने गढ़े जाते थे।

वह जानती थी कि इन गाँवों के बच्चों के पास सीमित अवसर थे।

लेकिन सीखने की इच्छा थी, और वह उस लौ को कभी बुझने नहीं देना चाहती थी।

जब वह स्कूल में प्रवेश करती, तो माता-पिता सम्मानपूर्वक हाथ जोड़कर धन्यवाद देते।

"मैडम जी, अगर आप न होतीं तो हमारे बच्चों का क्या होता?"

ईवलिन बस मुस्कुरा देती।

क्योंकि वह जानती थी—जो शिक्षा वह दे रही थी, वह इन बच्चों की ज़िंदगी बदल सकती थी।

एक विरासत जो अमर रहेगी

साल बीतते गए। बच्चे बड़े हुए, अपनी राहों पर निकले।

परंतु ईवलिन का प्रभाव कभी कम नहीं हुआ।

उसके पढ़ाए बच्चे किसी डॉक्टर, किसी अफसर, किसी शिक्षक के रूप में उभरे।

और जब वे लौटते, तो कहते—*"मैम, अगर आप न होतीं, तो हम यहाँ तक नहीं पहुँचते।"*

यही था ईवलिन के समर्पण का इनाम। क्योंकि उसने केवल शिक्षा नहीं दी थी—उसने सपनों में विश्वास जगाया था।

और यही विश्वास उसकी विरासत बन गया।

गाँव की राह पर साहस की परीक्षा

सुबह का सूरज क्षितिज पर सुनहरी आभा बिखेर रहा था। खेतों की हरियाली पर पड़ती उसकी किरणें एक नई आशा का संदेश दे रही थीं।

ईवलिन अपनी चिर-परिचित राह पर चल रही थी।

हवा में बीती रात की बारिश की ताजगी थी। पगडंडी के दोनों ओर लहराते पेड़ों की शाखाएँ मंद-मंद झूम रही थीं।

उसके कंधे पर स्कूल का बैग था, और पैरों के नीचे गीली मिट्टी की

ठंडक उसे अहसास दिला रही थी कि यह सफर आसान नहीं है, पर आवश्यक है।

यह वही दिनचर्या थी, जिसे वह वर्षों से निभा रही थी— ट्रेन पकड़ना, गाँवों की ओर जाना, फिर कच्ची-पथरीली राहों पर लंबी दूरियाँ तय कर स्कूल पहुँचना।

पर आज कुछ अलग था। जैसे ही वह पेड़ों की छाँव वाली सँकरी पगडंडी पर पहुँची, एक अजीब-सी चुप्पी उसका इंतजार कर रही थी।

पंछियों की चहचहाहट थम गई थी। हवा भी ठहर गई थी— मानो धरा ने साँसें रोक ली हों। फिर, अचानक, झाड़ियों के बीच से कुछ सरसराने की आवाज़ आई।

एक विशाल भारतीय नाग सामने आ गया।

उसका गहरा काला शरीर धूप में चमक रहा था, और वह धीरे-धीरे रास्ता पार कर रहा था।

सामान्य व्यक्ति भय से चिल्ला पड़ता, पर ईवलिन अडिग खड़ी रही।

उसकी आँखों में डर का नामोनिशान तक नहीं था। उसके होंठों से बस एक शांत स्वर निकला,

"मुझे डर नहीं है, मेरा परमेश्वर मेरे साथ है।"

साँप ने उसे अनदेखा किया और अपनी ही गति से सड़क पार कर, झाड़ियों में विलीन हो गया। ईवलिन ने गहरी साँस ली।

उसका विश्वास और दृढ़ हो गया था।

हवा के एक तेज झोंके ने उसकी साड़ी को लहरा दिया— मानो प्रकृति ने उसके साहस को सलाम किया हो।

और फिर, बिना रुके, उसने वही पगडंडी पार की, जहाँ कुछ क्षण पहले वह साँप गुज़रा था।

स्कूल पहुँचते ही बच्चे खुशी से दौड़ते हुए उसकी ओर आए।

उनकी चमकती आँखें, सीखने की जिज्ञासा, और मासूम मुस्कान देखकर ईवलिन का हृदय गर्व से भर गया।

यही कारण था कि वह रोज़ यह कठिन सफर तय करती थी।

यही उसकी सच्ची उपलब्धि थी। उसने गहरी साँस ली, मुस्कुराई, और ताली बजाकर पढ़ाई शुरू करने का इशारा किया।

"आज का दिन भी एक सीख है," उसने मन ही मन सोचा।

उसने जंगल की नीरवता को पार किया था। उसने अपने भय को हराया था। और एक बार फिर, उसने विजय पाई थी।

एक तरक्की, जिसने सबकुछ बदल दिया

शाम का सूरज धीरे-धीरे क्षितिज के पीछे समा रहा था।

दिनभर की थकान लिए जॉर्ज घर लौटे।

उनके कंधे पर बैग टंगा था, और चेहरे पर दिनभर के परिश्रम की हल्की शिकन।

दरवाजे पर कदम रखते ही, उन्हें रसोई से आती ताज़े खाने की खुशबू का अहसास हुआ।

पर आज कुछ अलग था।

आज घर के माहौल में एक हलचल थी।

ईवलिन रसोई के दरवाज़े पर खड़ी थी—

उसके हाथ में एक पत्र था, और आँखों में एक अनकही उत्सुकता।

"तुम आ गए?" उसने मुस्कुराकर कहा।

जॉर्ज ने बैग रखा, और अपनी शर्ट के बटन हल्के से ढीले करते हुए बोले— *"हाँ, आज थोड़ी देर हो गई।"*

उन्होंने गौर किया, ईवलिन कुछ कहना चाह रही थी।

"क्या बात है?" उन्होंने पूछा, उनकी नज़रें उस पत्र पर टिक गईं।

ईवलिन ने धीरे से पत्र उनके हाथ में थमा दिया। *"खुद ही पढ़ लो।"*

जॉर्ज ने पत्र खोला, ध्यान से पढ़ने लगे।

उनके माथे की सिलवटें धीरे-धीरे चौड़ी मुस्कान में बदल गईं।

उन्होंने धीरे से शब्द दोहराए—

"मिसेज़ ईवलिन मैसी को नीलमथा स्कूल में सीनियर टीचर के पद पर पदोन्नति दी जाती है, जो तुरंत प्रभाव से लागू होगी।"

वह पत्र नीचे रखते हुए उसकी ओर देखने लगे।

"सीनियर टीचर?" उन्होंने धीरे से कहा, जैसे शब्दों का वजन महसूस कर रहे हों।

ईवलिन ने मौन में सिर हिलाया।

"उन्होंने मेरे काम को पहचाना, जॉर्ज," उसने कहा।

"यह एक बड़ी ज़िम्मेदारी है, पर मैं इसके लिए तैयार हूँ।"

कई क्षणों तक, घर में गहरा सन्नाटा था।

जॉर्ज उसे देख रहे थे—गहराई से, ध्यान से।

सालों की मेहनत,

वे अनगिनत सुबहें, जब वह सूरज से पहले उठती थी,

वे रातें, जब वह देर तक बैठकर बच्चों की कॉपियाँ जाँचा करती थी।

आज यह सब मान्यता पा रहा था। उन्होंने धीरे से साँस छोड़ी।

"सैलरी कितनी बढ़ी?" उन्होंने हल्के से मुस्कराते हुए पूछा।

ईवलिन ने चुटकी ली। *"अब हज़ारों में है।"*

जॉर्ज ने भौंहें उठाईं। बरसों से, उनकी आय सीमित थी—बस इतनी कि गुज़ारा हो सके।

पर अब? अब हालात बदल रहे थे।

"हज़ारों?" उन्होंने दुहराया, कुर्सी पर बैठते हुए।

"तुमने लंबा सफर तय किया है, ईवलीन!"

ईवलिन ने हल्के से हँसते हुए कहा—

"हाँ, पर यह सफर अकेले तय नहीं किया!"

उस रात, जब ईवलिन ने रात का खाना परोसा, तो उसने महसूस किया कि कुछ बदल गया था।

आज पहली बार,

उसने जॉर्ज की आँखों में सिर्फ एक पत्नी के लिए नहीं, बल्कि एक सफल और सशक्त स्त्री के लिए भी गर्व देखा।

एक समर्पित शिक्षिका

सरकारी स्कूलों में अक्सर शिक्षकों को अपनी नौकरी केवल एक औपचारिकता लगती थी। लेकिन ईवलिन मैसी अलग थीं।

वह हर दिन समय पर स्कूल पहुँचतीं, पाठ्यक्रम की पूरी तैयारी करतीं, और हर छात्र के साथ पूरे मन से जुड़तीं।

उनकी लगन सिर्फ कक्षा तक सीमित नहीं थी।

अभिभावक-शिक्षक बैठकों में, वह पूरे आत्मविश्वास से बोलतीं, माता-पिता को अपने बच्चों की शिक्षा को प्राथमिकता देने के लिए प्रेरित करतीं।

कई माता-पिता बच्चों की पढ़ाई को अनदेखा कर देते, उन्हें काम पर भेजना ज्यादा जरूरी समझते।

ईवलिन संकोच किए बिना समझातीं:

"अगर बच्चों की फीस नहीं जमा करोगे और उन्हें पढ़ाओगे नहीं, तो उनका भविष्य कैसे बनेगा?"

कुछ माता-पिता सिर हिलाकर उनकी बात समझते, तो कुछ संकोच करते।

लेकिन ईवलिन कभी हार नहीं मानतीं। वह घर-घर जातीं, उन

अभिभावकों से मिलतीं जो बच्चों को स्कूल भेजने में झिझकते थे।

उन्हें यह यकीन दिलातीं कि शिक्षा ही उनके बच्चों का भविष्य संवार सकती है।

धीरे-धीरे उनकी मेहनत रंग लाने लगी।

ज्यादा बच्चे स्कूल आने लगे, ज्यादा लड़कियाँ अपनी पढ़ाई पूरी करने लगीं, और अभिभावकों का शिक्षा में विश्वास बढ़ने लगा।

एक शिक्षिका जो उदाहरण बनीं

धूल से भरी पगडंडी पर बच्चों की चहकती आवाज़ें गूँजतीं।

पेड़ों के बीच से गुजरती हल्की हवा उनकी बातों में घुल जाती।

लेकिन जैसे ही ईवलिन मैसी स्कूल के गेट से अंदर कदम रखतीं, कुछ अनोखा होता।

छोटे-छोटे बच्चे उनकी ओर दौड़ते, उनकी किताबें और बैग लेने के लिए हाथ आगे बढ़ाते।

"मैडम जी, आप थक गई होंगी, हम उठा लेंगे!"

ईवलिन मुस्कुराकर उनके सिर पर हल्का हाथ फेरतीं।

यह केवल कर्तव्य की बात नहीं थी—यह समर्पण था।

वे बच्चे उन्हें सिर्फ अपनी शिक्षिका नहीं, बल्कि एक मार्गदर्शक, एक संरक्षक के रूप में देखते थे।

और यह सम्मान सिर्फ छात्रों तक सीमित नहीं था।

जब भी ईवलिन गाँव की तंग गलियों से गुजरतीं, दरवाजों पर खड़ी महिलाएँ रुककर उन्हें प्रणाम करतीं।

खेतों की ओर जाते पुरुष सिर झुकाकर उनका अभिवादन करते।

जिन बच्चों को उन्होंने पढ़ाया था, उनके माता-पिता कृतज्ञता से हाथ जोड़ते।

"मास्टरजी, आपकी वजह से मेरा बेटा पढ़ रहा है!"

उनके स्वर में सच्चा सम्मान झलकता, क्योंकि ईवलिन सच में बाकी शिक्षकों से अलग थीं।

बाकी शिक्षकों से अलग

उन दिनों शिक्षकों के लिए 'उपहार' लेना आम बात थी—

ताज़ी सब्ज़ियाँ, फल, अनाज की बोरियाँ— माता-पिता इन्हें छोटे-मोटे एहसान के रूप में देते थे।

कुछ शिक्षक खुद इसकी उम्मीद भी रखते।

लेकिन ईवलीन?

उन्होंने कभी किसी का अनुचित लाभ नहीं उठाया।

जब कोई अभिभावक कुछ देने आता, तो वह मुस्कुराकर लेकिन दृढ़ता से कहतीं:

"मैं ये सब नहीं लेती।"

उनकी ईमानदारी ने उन्हें और भी सम्मान दिलाया।

वह शिक्षा देने आई थीं, कुछ लेने नहीं। यहाँ तक कि उनके सहकर्मी भी यह बात मानते थे।

स्कूल में वह अकेली ईसाई शिक्षिका थीं,

फिर भी सभी उन्हें "मैसी बहन जी" कहकर बुलाते—सम्मान और स्नेह से। उन्होंने कभी अपने विश्वास का प्रचार नहीं किया, बल्कि उसे जिया।

उनकी विनम्रता, उनकी सहनशीलता, उनकी अडिग ईमानदारी—यह सब उनसे अधिक प्रभावशाली था, जितने शब्द कभी हो सकते थे।

अडिग ईमानदारी

उसके लिए मूल्य केवल सिद्धांत नहीं थे—वे उसके जीवन की अडिग नींव थे।

दोपहर की धूप खिड़की से छनकर कक्ष में फैल रही थी। ईवलिन छात्रों के रिकॉर्ड तैयार कर रही थी, जब मुख्याध्यापक धीरे-धीरे उसकी मेज के पास आए।

"मैडम, ज़रा यह रिकॉर्ड बैकडेट कर दीजिए... बस एक छोटी-सी बात है," उन्होंने नरमी से कहा।

ईवलिन की नज़रें तुरंत उठीं।

"यह सही नहीं है," उसने शांत लेकिन दृढ़ स्वर में उत्तर दिया।

"अरे, सब करते हैं! इसमें कोई बड़ी बात नहीं है," उन्होंने ज़ोर देकर कहा।

लेकिन ईवलिन की आँखों में कोई बदलाव नहीं आया।

"मुझे खेद है, लेकिन मैं यह नहीं कर सकती," उसने बिना किसी झिझक के उत्तर दिया।

कमरे में एक अजीब-सी खामोशी छा गई।

मुख्याध्यापक का असंतोष साफ़ था, लेकिन ईवलिन की नज़रें झुकी नहीं।

उसने कभी सच के साथ समझौता नहीं किया था, और आज भी वह अपने सिद्धांतों पर अडिग थी।

यही उसकी पहचान थी—कोई शॉर्टकट नहीं, कोई समझौता नहीं।

चाहे हालात कुछ भी हों, वह हमेशा सच्चाई और ईमानदारी के साथ खड़ी रही।

पिता का मार्गदर्शन, शास्त्रों की शक्ति

ईवलिन की अडिग ईमानदारी कोई संयोग नहीं थी। यह वही मूल्य थे, जो उनके पिता ने बचपन से उनके भीतर रोपित किए थे—और जो उन्होंने पवित्र शास्त्रों से सीखे थे।

उनके पिता, वॉशिंगटन रॉस, अनुशासन, सिद्धांतों और अटूट ईमानदारी के प्रतीक थे।

उनका मानना था कि सच कभी भी समझौते का विषय नहीं हो सकता।

यह विश्वास उन्होंने अपनी संतानों में भी उतनी ही दृढ़ता से स्थापित किया।

"जो सही है, उस पर अडिग रहो, चाहे दुनिया कुछ भी कहे।"—वह अक्सर ईवलिन से कहते।

ईवलिन ने अपने पिता को इन शब्दों के अनुसार जीते हुए देखा था—

चाहे वह उनका कार्यक्षेत्र हो, परिवार हो, या समाज में उनका आचरण—

उन्होंने कभी भी सत्य से समझौता नहीं किया, भले ही परिस्थितियाँ विपरीत रही हों।

एक सीख, जो जीवनभर बनी रही

बचपन की एक घटना ईवलिन के मन में गहरी छाप छोड़ गई।

एक दिन, उन्होंने अपने पिता को एक रिश्वत ठुकराते हुए देखा।

उस समय, यदि वह रिश्वत स्वीकार कर लेते, तो शायद उनके परिवार के लिए जीवन आसान हो जाता।

लेकिन वॉशिंगटन रॉस ने बस इतना कहा,

"मुझे मनुष्य को नहीं, परमेश्वर को उत्तर देना है।"

उस क्षण ने ईवलिन के मन में एक अमिट छवि बना दी।

उन्होंने समझ लिया कि ईमानदारी केवल एक आदर्श नहीं है—बल्कि यह एक आजीवन प्रतिबद्धता है।

लेकिन यह सिर्फ पिता की सीख नहीं थी, जिसने उन्हें मजबूत बनाया—

बल्कि यह उनके भीतर जड़ें जमाए हुए वह विश्वास था, जो उन्होंने शास्त्रों से सीखा था।

वो सबक जो जीवन का आधार बने

बचपन से ही ईवलिन ने सीखा था कि ईमानदारी किसी भी व्यक्ति के चरित्र की सबसे मज़बूत नींव होती है।

हर परिस्थिति में, चाहे वह स्कूल के प्रधानाचार्य द्वारा रिकॉर्ड में हेरफेर करने का सुझाव हो या फिर जीवन के रोज़मर्रा के प्रलोभन, उसने हमेशा सच का साथ दिया।

उसका विश्वास था कि भरोसा केवल तभी अर्जित किया जा सकता है जब व्यक्ति अपने मूल्यों पर अडिग रहे।

ईमानदारी और सच्चाई के प्रति उसकी यह अटूट निष्ठा उसके जीवन का मार्गदर्शन बनी।

गाँवों में शिक्षा का संघर्ष

1970 और 80 के दशक में भारत के ग्रामीण इलाकों में पढ़ाना किसी परीक्षा से कम नहीं था।

खेतों और मजदूरी में व्यस्त रहने वाले माता-पिता को इस बात के लिए राज़ी करना कि उनके बच्चे स्कूल जाएँ, केवल मेहनत की नहीं, बल्कि अटूट धैर्य की भी परीक्षा थी।

जहाँ कई शिक्षक कठिन परिस्थितियों के आगे हार मानकर आसान रास्ते अपना लेते थे, ईवलिन ने कभी पीछे हटना नहीं सीखा।

उसके लिए शिक्षा केवल एक पेशा नहीं थी—यह एक मिशन था, एक सेवा थी।

वह जानती थी कि परिवर्तन रातों-रात नहीं आता, लेकिन हर छोटा नेक कार्य एक दिन बड़े बदलाव का कारण बनेगा।

समर्पण जो सीमाओं से परे था

ईवलिन का काम केवल वेतन कमाने तक सीमित नहीं था।

हर पाठ, हर अतिरिक्त घंटा जो वह किसी संघर्षरत छात्र के साथ बिताती, उसके लिए एक सेवा थी।

वह जानती थी कि एक शिक्षक केवल किताबों का ज्ञान देने वाला व्यक्ति नहीं होता, बल्कि एक प्रकाशस्तंभ होता है, जो दूसरों को उनके संभावनाओं की ओर मार्गदर्शन करता है।

अगर किसी छात्र को अतिरिक्त सहायता की ज़रूरत होती, तो ईवलिन बिना किसी हिचकिचाहट के स्कूल के बाद भी उनके साथ रुककर पढ़ाती।

अगर उसकी किसी छात्रा की पढ़ाई बाधित होने का डर होता, तो वह हर संभव प्रयास करती कि वह लड़की अपनी शिक्षा जारी रख सके।

उसका समर्पण केवल पेशेवर नहीं था—यह उसका व्यक्तित्व था, उसका स्वभाव था।

उसने न केवल विद्यार्थियों को पढ़ाया, बल्कि उन्हें खुद पर विश्वास करना भी सिखाया।

और यही उसका सबसे बड़ा योगदान था—ज्ञान के साथ आत्मविश्वास और आत्मनिर्भरता का उपहार।

ईवलिन ने जो किया, वह सिर्फ अपने समय तक सीमित नहीं था।

उसकी ईमानदारी, उसकी निष्ठा, और उसका समर्पण उन सैकड़ों छात्रों में जीवित रहेगा जिनकी ज़िंदगियाँ उसने छूईं।

वह न केवल एक शिक्षिका थी—वह एक प्रेरणा थी।

एक ऐसी रोशनी, जिसने ना जाने कितने जीवन संवार दिए।

हर बाधा के बावजूद

सुबह की हल्की धुंध अभी भी खेतों पर तैर रही थी, जब ईवलिन ने अपनी साड़ी को ठीक किया और अपने बैग की पट्टी को मजबूती से पकड़ लिया।

आकाश अभी भी अंधकार में लिपटा हुआ था, गलियाँ सुनसान थीं, लेकिन उसके पास उजाले का इंतज़ार करने का समय नहीं था।

स्कूल की यात्रा लंबी थी, और उसे गाँव के जागने से पहले ही निकलना था।

वह बाहर निकली। रात की ठंडक अभी भी हवा में घुली हुई थी। रास्ता कठिन था, लेकिन उसका संकल्प और भी दृढ़ था।

यही उसकी दिनचर्या थी—

दूरी, मौसम, और हालात से हर दिन एक नई लड़ाई।

ज्ञान का दीप जलाने का संकल्प

किसी सुदूर गाँव में पढ़ाने का अर्थ था—घंटों तक टांगा (घोड़ा-गाड़ी) या ट्रेन का इंतज़ार करना या फिर भीड़ भरी टेम्पो में धक्के खाते हुए सफर करना।

कई दिनों तक कोई साधन ही नहीं मिलता, और उसे मीलों तक धूल भरी, उबड़-खाबड़ पगडंडियों पर चलना पड़ता।

पाँव दुखते, लेकिन उसकी आत्मा अडिग बनी रहती।

बरसात का सबसे कठिन दौर

पर सबसे मुश्किल मानसून के दिन होते।

कीचड़ उसके चप्पलों से चिपक जाता, हर कदम जैसे धरती उसे पीछे खींच रही हो।

सड़कें खतरनाक हो जातीं— पानी से लबालब भरी, फिसलन भरी।

छोटी-सी दूरी भी एक लंबी परीक्षा बन जाती।

कई बार वह स्कूल तक भीगकर पहुँचती, फिर भी कभी पीछे नहीं हटी।

क्योंकि अगर उसके विद्यार्थी उसका इंतज़ार कर रहे थे, तो उसे वहाँ पहुँचना ही था।

एक जुनून जो किसी सीमा में नहीं बंधा

ईवलिन ने कभी इन कठिनाइयों को अपने मन में शिकायत की तरह नहीं रखा। उसने कभी जॉर्ज को दोष नहीं दिया कि वह उसकी इन कठिन यात्राओं में उसके साथ नहीं जा सकता—वह समझती थी उसकी जिम्मेदारियाँ, रेलवे कार्यालय में उसका कार्य, और उसके अपने संघर्ष।

पर सबसे महत्वपूर्ण बात, उसने कभी इन कठिनाइयों को अपने शिक्षण के प्रति अपने प्रेम को चुराने नहीं दिया।

उसके लिए, यह केवल एक नौकरी नहीं थी—यह एक बुलावा था, एक उद्देश्य।

"मैं सिर्फ नौकरी के लिए नहीं, बच्चों के लिए जा रही हूँ।"

यह एक वाक्य था जो वह बार-बार दोहराती।
न अपनी चुनौतियों को सही ठहराने के लिए, बल्कि इसलिए क्योंकि वह इस बात में पूरी तरह विश्वास रखती थी।

उन मुश्किल सुबहों में, जब थकान उसके शरीर को जकड़ लेती, जब सफर की कठिनाइयाँ उसे रोकने की कोशिश करतीं— वह अपने विश्वास में शक्ति ढूँढती।

"यीशु मेरी सहायता करेंगे," वह कहती।

और न जाने कैसे, हर बार वह अपने भीतर एक नई हिम्मत महसूस करती।
हर दिन, हर यात्रा, एक नई दृढ़ता के साथ वह आगे बढ़ती गई।

नए परिवार में समायोजन – एक प्रतिबद्धता की परीक्षा

शादी सिर्फ़ प्रेम और संग-साथ का नाम नहीं, बल्कि यह धैर्य और समझ का भी इम्तिहान होती है। ईवलिन और जॉर्ज भी इससे अछूते नहीं थे।

एक शाम, एक छोटी-सी बहस शुरू हुई, लेकिन जल्द ही भावनाएँ तीव्र हो गईं। कहासुनी से आहत होकर, ईवलिन ने आवेश में एक निर्णय ले लिया।

बिना अधिक सोचे-समझे, उसने एक छोटा-सा बैग उठाया, अपने कंधों पर दुपट्टा डाला और घर से बाहर निकल पड़ी।

वह तेज़ी से परिचित गलियों से गुज़री, उसकी आँखों में आँसू भरे हुए थे, लेकिन उसने उन्हें गिरने नहीं दिया। अंततः, वह अपने मायके के दरवाज़े पर पहुँच गई।

जैसे ही वह घर के अंदर दाख़िल हुई, उसके भाइयों और पिता ने तुरंत भाँप लिया कि कुछ ग़लत हुआ है।

उसके सबसे बड़े भाई ने हल्के से उसके कंधे पर हाथ रखा और चिंतित स्वर में पूछा—

"ईवलीन, क्या हुआ? तुम इतनी परेशान क्यों लग रही हो?"

ईवलिन ने गहरी साँस ली और सोफ़े पर बैठते हुए थके हुए स्वर में कहा—

"बस, अब और नहीं। मैं वापस नहीं जाऊँगी।"

उसके शब्द दृढ़ थे, लेकिन आवाज़ में हल्का कंपन था।

उसके पिता, वॉशिंगटन रॉस, जो अपनी धैर्यपूर्ण सोच और समझदारी के लिए जाने जाते थे, चुपचाप सुनते रहे।

उन्होंने न गुस्से में कुछ कहा, न ही जल्दबाज़ी दिखाई।

कुछ पल शांत रहने के बाद, वह धीरे से उठे और अपने बेटों को इशारा किया।

"चलो, हमें जॉर्ज से बात करनी चाहिए।"

समझदारी का संदेश

उस रात, ईवलिन के पिता और भाई जॉर्ज के घर पहुँचे।

वहाँ जॉर्ज बरामदे में बैठे थे, उनके चेहरे पर चिंता की हल्की परछाई थी।

जैसे ही उन्होंने ईवलिन के परिवार को आते देखा, वह झट से खड़े हो गए और सम्मानपूर्वक उनका अभिवादन किया, हालाँकि उनकी आँखों में एक असहज बेचैनी झलक रही थी।

पहली बार, वॉशिंगटन रॉस ने बात की।

उनकी आवाज़ शांत, लेकिन सख़्त थी।

"बेटा, हर रिश्ता समझ और धैर्य माँगता है। यह सिर्फ तुम्हारा या ईवलिन का घर नहीं, यह तुम दोनों का है। लेकिन अगर हर छोटी बात पर घर छोड़ दिया जाए, तो रिश्ता कैसे टिकेगा?"

जॉर्ज ने असहजता से अपनी जगह बदली, फिर ईमानदारी से जवाब दिया—

"पापा, मैं ईवलिन से बहुत प्यार करता हूँ। पर कई बार, हम दोनों एक-दूसरे को समझने में गलती कर देते हैं।"

उसका जवाब भावनाओं से भरा था।

ईवलिन के बड़े भाई ने नरम लेकिन दृढ़ स्वर में कहा—

"जॉर्ज, शादी सिर्फ एक साथ रहने का नाम नहीं, यह एक ज़िम्मेदारी है। छोटी बातें बड़ी बन जाएँ, इससे पहले उन्हें हल कर लेना ज़रूरी है।"

ईवलिन के पिता ने फिर अपनी बेटी की ओर देखा। उनकी आँखों में वह स्नेह और अनुभव झलक रहा था जो सिर्फ एक पिता ही दे सकता है।

"बेटा, यह अब तुम्हारा घर है। हर रिश्ते में कभी न कभी मतभेद होते हैं। लेकिन इसका मतलब यह नहीं कि हर समस्या का हल घर छोड़ना है। तुम दोनों को मिलकर हर परेशानी को सुलझाना होगा, एक-दूसरे को समझना होगा। प्यार की यही परिभाषा है।"

ईवलिन चुपचाप सुन रही थी। उसने अपने पिता की बातें दिल से महसूस कीं।

उसने हमेशा उनके ज्ञान और मार्गदर्शन का सम्मान किया था, और उस क्षण में, उसे एहसास हुआ कि वे बिल्कुल सही थे।

घर छोड़ देना समाधान नहीं था। समाधान था – समझ, धैर्य, और प्रेम।

कुछ पलों की शांति के बाद, जॉर्ज ने गहरी साँस ली और एक क़दम आगे बढ़कर कहा—

"ईवलीन, अगर मैंने तुम्हें दुखी किया, तो मुझे सच में अफ़सोस है। मैं चाहता हूँ कि हम दोनों हर बात को समझदारी से सुलझाएँ और साथ मिलकर बेहतर बनाएँ।" ईवलिन ने उसकी आँखों में झाँका।

वहाँ सच्चाई और पश्चात्ताप था। शादी परिपूर्णता का नाम नहीं था।

यह धैर्य और समझ का नाम था। यह हर बार एक-दूसरे को वापस अपनाने का नाम था।

उसने गहरी साँस ली और धीरे से सिर हिला दिया। *"पापा, आप सही कह रहे हैं... यह मेरा घर है।"*

उसकी आवाज़ में एक नई समझ और आत्मविश्वास झलक रहा था।

एक नया एहसास

जब पिता और सभी भाई वापस लौट गए, तब ईवलिन को एहसास हुआ कि उसके पिता के ये शब्द जीवनभर उसके साथ रहेंगे।

वह सिर्फ घर नहीं लौटी थी। उसने दिल से इसे अपना लिया था। अब यह सिर्फ चार दीवारों का ढांचा नहीं था—यह उसका अपना संसार था।

जॉर्ज का अटूट साथ

सरकारी स्कूल में शिक्षक होना आसान नहीं था, विशेष रूप से गाँवों में, जहाँ हर दिन नई चुनौतियाँ खड़ी होती थीं।

ईवलिन पूरी लगन से अपनी जिम्मेदारी निभा रही थी, लेकिन कई बार ऐसा होता कि महीनों तक वेतन नहीं आता।

घर चलाना था, तमाम जरूरतें थीं, और रोजमर्रा के बिलों का भुगतान भी जरूरी था—पर सरकारी तंत्र की धीमी गति इन बुनियादी आवश्यकताओं का इंतजार नहीं कर सकती थी।

इन कठिन समयों में, जॉर्ज हमेशा ढाल बनकर खड़े रहे।

उन्होंने कभी ईवलिन को आर्थिक चिंताओं से अकेले जूझने नहीं दिया।

एक जिम्मेदार पति की तरह, उन्होंने सुनिश्चित किया कि चाहे कितना भी संघर्ष हो, परिवार पर इसका प्रभाव न पड़े।

एक शाम, ईवलिन डाइनिंग टेबल पर बैठी चिंता में डूबी हुई थी।

जॉर्ज थके-मांदे काम से लौटे और उसकी बेचैन आँखों को देखते ही पूछ बैठे,

"क्या बात है? तुम इतनी चिंतित क्यों लग रही हो?"

उन्होंने पास की कुर्सी खींचते हुए कहा। ईवलिन ने गहरी साँस ली, टेबल पर उँगलियाँ फेरते हुए धीरे से बोली,

"तीन महीने हो गए, अब तक तनख्वाह नहीं आई।"

जॉर्ज कुछ देर चुप रहे, फिर अपनी जेब से बटुआ निकाला और कुछ रुपए निकालकर टेबल पर रख दिए।

"चिंता मत करो, ईवलीन। तुम्हारे स्कूल की सैलरी आए या न आए, जब तक मैं हूँ, तुम्हें कोई परेशानी नहीं होगी।"

ईवलिन ने आश्चर्य और कृतज्ञता से उसकी ओर देखा।

"लेकिन जॉर्ज, तुम पहले से ही घर संभाल रहे हो। ये सब करना तुम्हारे लिए भी आसान नहीं होगा।"

जॉर्ज मुस्कुराए और सिर हिलाते हुए बोले,

"शादी का मतलब ही होता है—एक-दूसरे का साथ निभाना। तुम अपनी

ज़िम्मेदारी निभा रही हो, और मैं अपनी।"

उनके इन साधारण लेकिन गहरे शब्दों ने ईवलिन को भीतर तक सुकून दिया।यह सफर उसका अकेले का नहीं था। कोई भी मुश्किल आए, उसे पता था कि जॉर्ज हमेशा उसके साथ खड़े रहेंगे।

यहाँ तक कि जब महीनों बाद स्कूल से रुकी हुई तनख्वाह आई, तब भी जॉर्ज ने एक बार भी उन पैसों का जिक्र नहीं किया—न ही वापस माँगा।

क्योंकि उनके लिए यह कोई एहसान नहीं था, यह उनके रिश्ते की बुनियाद थी—एक-दूसरे का संबल बनना।

ईवलिन ने मन ही मन सोचा, *"जब तक यह साथ है, तब तक कोई मुश्किल बड़ी नहीं।"*

और इसी विश्वास के साथ, उसने अपने सफर को नए आत्मविश्वास के साथ जारी रखा।

अटल समर्पण

वर्ष बीतते गए, पर चुनौतियाँ कभी कम नहीं हुईं।

कभी-कभी तूफ़ान इतने प्रचंड होते कि ऐसा

लगता, मानो वे उसे तोड़कर रख देंगे। कभी ऐसा दिन आता, जब थकान उसके कंधों पर बोझ बनकर कहती—*"अब बस, और नहीं।"*कुछ दिन ऐसे भी होते, जब दुनिया उसके रास्ते में दीवार बनकर खड़ी हो जाती।

लेकिन उसने कभी हार नहीं मानी। हर मौसम में, हर बाधा के पार, ईवलिन मैसी आगे बढ़ती रहीं।

क्योंकि उनके लिए शिक्षण सिर्फ वेतन अर्जित करने का साधन नहीं था।

यह उन बच्चों के भविष्य को रोशन करने का एक तरीका था जो हर सुबह उनके इंतज़ार में बैठे रहते—चाहे धूप हो या बारिश।

और इसी विश्वास के साथ, वह चलती रहीं। हर दिन, एक नए कदम के

साथ।

घर नहीं, एक परिवार का बसेरा

ईवलिन और जॉर्ज का घर सिर्फ एक मकान नहीं था। वह एक ऐसा स्थान था, जहाँ परिवार इकट्ठा होता, जहाँ प्रेम खुलकर बाँटा जाता, और जहाँ कभी किसी को लौटाया नहीं जाता।

उनके भाइयों के बच्चे—गुड़िया, पिंकी, किटी और बिब्बो—अक्सर इस घर की रौनक बनते।

कभी-कभी यह घर किसी छोटे छात्रावास की तरह लगता— ज़मीन पर बिछी हुई चादरें, कोनों में रखे तकिए, और दीवारों से टकराती कहानियों की फुसफुसाहटें।

ईवलिन को यह पल बेहद प्रिय थे। उन्होंने इन बच्चों को कभी "मेहमान" नहीं समझा। वे उनके अपने थे, उनके अपने बच्चों की तरह। और वे भी उनसे उतना ही प्रेम करते थे।

साथ बिताए अनमोल पल

लेकिन ईवलिन का प्रेम सिर्फ इस घर तक सीमित नहीं था।

उन्होंने इन बच्चों को अपने जीवन का हिस्सा बनाया, उन्हें अपनी दिनचर्या में शामिल किया, उन्हें वह दुनिया दिखाई जिसे उन्होंने अपने संघर्ष से गढ़ा था।

जब भी वह दूर-दराज़ के गाँवों में पढ़ाने जातीं, वह अपने भतीजे-भतीजियों को भी अपने साथ ले जातीं।

गुड़िया, पिंकी, किटी और बिब्बो बारी-बारी से उनके साथ सफर करते।

सुबह की हलचल, ट्रेन पकड़ने की जल्दी, पटरियों पर दौड़ती गाड़ियों की खड़खड़ाहट—यह सब उनके लिए एक नए रोमांच जैसा था।

वे देखते कि कैसे गाँव वाले ईवलिन को आदर के साथ नमस्ते करते, कैसे उनके विद्यार्थी दौड़कर उनका बैग पकड़ लेते, और कैसे वह कक्षा में प्रवेश करते ही एक अनुशासित शिक्षिका में बदल जातीं—

एक ऐसी शिक्षिका, जिसे हर कोई मानता और पसंद करता।

एक दिन, ट्रेन की खिड़की से बाहर देखते हुए, किटी ने मासूमियत से पूछा, *"फुप्पो, आप इतनी दूर अकेले कैसे आती हो?"*

ईवलिन मुस्कुराईं। *"आदत हो गई है,"* उन्होंने हल्के से जवाब दिया।

पर सच यह था कि यह कभी आसान नहीं था। फिर भी, उन्होंने इसे हर दिन किया—बिना किसी शिकायत, बिना किसी झिझक के।

और अब, जब उनके भतीजे-भतीजी उनके साथ इस सफर में थे, तो यह सिर्फ एक यात्रा नहीं थी—यह उनकी सोच, उनके जीवन को आकार देने वाली सीख बन रही थी।

चोरी – धैर्य और विश्वास की परीक्षा

70 के दशक का वो समय था जब चोरी की घटनाएं बहुत कम होती थीं। पड़ोसियों में विश्वास था, और घरों के दरवाजे अक्सर बिना ताले के ही बंद कर दिए जाते थे।

हर कोई एक-दूसरे को जानता था, और इस भरोसे से ही मोहल्ले में सुरक्षा बनी रहती थी।

एक ऐसा ही दिन आया, जिसने जॉर्ज और ईवलिन की जिंदगी में एक अप्रत्याशित मोड़ ला दिया।

वो 20 मिनट – सब कुछ बदल गया

उस सुबह जॉर्ज के चाचा हमेशा की तरह अपनी रोज़ की दिनचर्या के तहत पास की पान की दुकान तक गए। वहां वे अपने परिचितों से कुछ देर बातें करते और फिर वापस लौट आते थे। लेकिन उस

दिन, सिर्फ 20 मिनट के भीतर कुछ ऐसा हुआ, जिसकी किसी ने कल्पना भी नहीं की थी।

जॉर्ज अपनी रेलवे ड्यूटी पर गए थे, और ईवलिन भी अपनी सरकारी स्कूल की पढ़ाई के लिए सुबह-सुबह घर से निकल चुकी थीं। घर में बस जॉर्ज के चाचा थे, लेकिन उन्होंने दरवाज़े पर ताला नहीं लगाया— बस दरवाज़ा हल्का-सा खींचकर बंद कर दिया था, जैसा वे रोज़ करते थे। पर जब वे लौटे, तो उन्हें घर में एक अजीब सी खामोशी महसूस हुई। जैसे घर का सारा उजाला किसी ने अचानक छीन लिया हो।

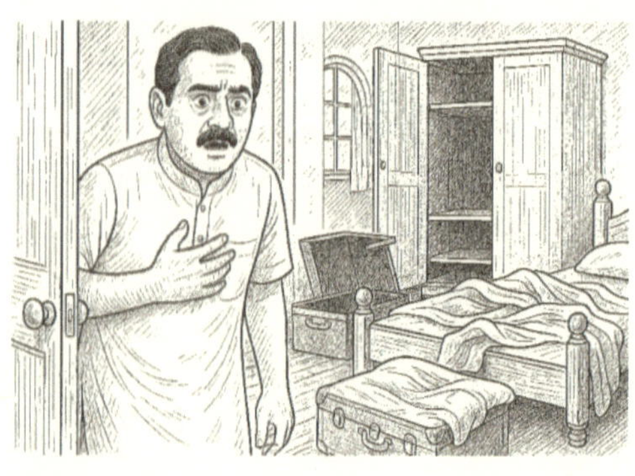

जैसे ही उन्होंने दरवाज़ा खोला, उनका दिल धक से रह गया। अंदर का दृश्य देखकर उनके होश उड़ गए। ईवलिन की ट्रंक—वही ट्रंक जिसमें उनके मायके से लाई गई चीजें थीं—गायब थी। अलमारी खुली हुई थी, और बिस्तर अस्त-व्यस्त पड़ा था।

उनकी आवाज़ कांप रही थी। *"हे ईश्वर! ये क्या हो गया?"* उन्होंने घबराकर पड़ोसियों को आवाज़ लगाई।

कुछ ही देर में पड़ोसी इकट्ठा हो गए। *"क्या हुआ, चाचाजी?"* किसी ने चिंतित होकर पूछा।

"सारा सामान चोरी हो गया! ईवलिन की ट्रंक खाली है!" उनकी आवाज़ में घबराहट थी।

ईवलिन की कीमती यादें छिन गईं पल में

उस दिन की घटना ने ईवलिन को अंदर तक झकझोर दिया। जब वह स्कूल से लौटीं और घर में फैला हुआ सामान देखा, तो उनका दिल

धक से रह गया। उनकी वह ट्रंक, जिसमें उनकी सबसे कीमती चीज़ें थीं— उनका गहना, उनके मायके से लाए गए कपड़े, और उनके जीवन की अमूल्य यादें—सब कुछ चोरी हो चुका था।

ईवलिन कुछ देर के लिए स्तब्ध रह गईं। उन्होंने धीमे कदमों से कमरे में प्रवेश किया और खाली अलमारी और लुटी हुई ट्रंक को देखा। उनकी आंखों में एक अजीब सी उदासी झलक रही थी।

जॉर्ज उनके पास आए और उनकी ओर चिंतित नज़रों से देखा। "तुम ठीक हो, ईवलिन?"

उन्होंने धीरे से पूछा।

ईवलिन ने एक गहरी सांस ली और हल्के से सिर हिलाया।

"सब कुछ चला गया, जॉर्ज। वो गहने... मेरी मां के दिए हुए... वो सारी चीज़ें जो मैंने इतने प्यार से संभालकर रखी थीं।"

उनकी आवाज़ में दर्द था, लेकिन कोई शिकायत नहीं। कोई गुस्सा नहीं। चर्चाएं होने लगीं। पड़ोसियों का मानना था कि चोरी किसी बाहर वाले ने नहीं, बल्कि कोई जानने वाला ही कर सकता है। कई लोग कहने लगे,

"ये तो किसी अपने की हरकत लगती है। बाहर से आए चोर को ये कैसे पता होता कि ट्रंक में कीमती सामान है?"

शक और सवाल हवा में तैरने लगे, लेकिन कोई सबूत नहीं था। ईवलिन और जॉर्ज ने पुलिस में रिपोर्ट दर्ज कराई, पर चोरी का राज़ कभी खुल नहीं सका।

रात में जब सब सो गए, ईवलिन अपने बिस्तर पर लेटीं, लेकिन नींद उनकी आंखों से कोसों दूर थी। उनका मन बार-बार उसी ट्रंक की ओर जा रहा था।

उनकी मां के दिए हुए गहने, वह खास चुनरी जो उनकी शादी में पहनाई गई थी, और वे पुरानी चूड़ियां जिनमें उनकी मां की खुशबू बसी थी—सब कुछ उनकी आंखों के सामने घूम रहा था।

उनके दिल में दर्द था। एक खालीपन था, जैसे उनकी जिंदगी का एक कीमती हिस्सा उनसे छिन गया हो। लेकिन उन्होंने अपने आंसुओं को बहने नहीं दिया।

धीरे-धीरे उन्होंने अपनी आंखें बंद कीं और अपने हाथ जोड़ लिए।

"प्रभु, मुझे इस दुख से उबरने की शक्ति दो। मैं जानती हूं कि जो चीजें चली गईं, वे वापस नहीं आएंगी। लेकिन मेरे दिल में शांति भर दो, ताकि मैं इस दर्द को सह सकूं।"

उनकी प्रार्थना में एक गहरी विनम्रता और अटूट विश्वास था। उन्होंने अपने दुख को ईश्वर के हाथों में सौंप दिया।

धैर्य की मिसाल

अगले दिन, ईवलिन ने अपनी दिनचर्या फिर से शुरू की। वह स्कूल गईं, बच्चों को पढ़ाया, वापस आयी और घर के कामों में लग गईं। उनके चेहरे पर वही शांति थी, वही धैर्य, जो उन्हें सबसे अलग बनाता था।

जॉर्ज ने देखा कि उनकी पत्नी ने किस तरह इस घटना को सहन किया, बिना शिकायत, बिना गुस्से। उन्होंने यह भी देखा कि ईवलिन ने इस मुश्किल घड़ी में भी अपना विश्वास नहीं खोया।

उस रात, जब जॉर्ज ने उनके पास बैठकर कहा,

"तुम बहुत मजबूत हो, ईवलिन। मैं नहीं जानता, अगर मेरे साथ ऐसा होता तो मैं शायद इतनी शांति नहीं रख पाता।"

ईवलिन ने हल्के से मुस्कुराते हुए कहा,

"जो चीज़ें हमारे पास थीं, वे कीमती थीं, लेकिन जो हमारे पास अब भी है, वह उससे भी ज्यादा कीमती है—हमारा विश्वास, हमारा परिवार, और हमारा प्यार। यही हमारी असली दौलत है।"

4:

एक पत्नी की निःशब्द शक्ति

इंडोर के रेलवे अस्पताल के कमरे में एंटीसेप्टिक की तीखी गंध भरी हुई थी।

मशीनों की धीमी बीप, नर्सों की फुसफुसाहट, और मरीजों के परिवारों की चिंतित सरगर्मी—सब कुछ मानो समय को धीमा कर रहा था।

लेकिन इस पूरे कोलाहल के बीच, ईवलिन एकदम शांत बैठी थी।

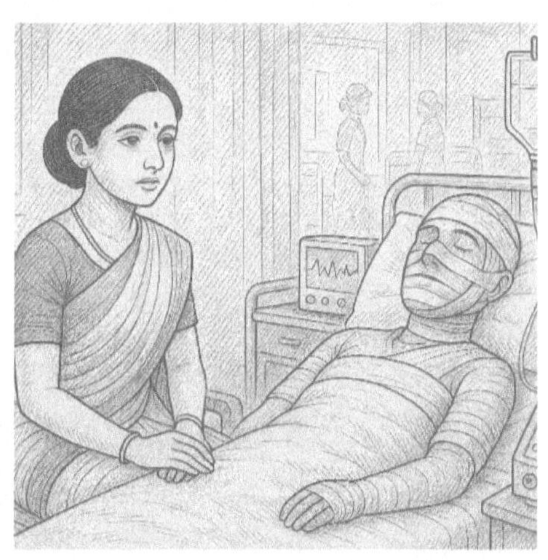

जॉर्ज के बिस्तर के पास, हाथ गोद में रखे हुए, बिना पलक झपकाए उसे देखती हुई।

वह वहाँ लेटे थे— कमजोर, थके हुए, पट्टियों में लिपटे।

जॉर्ज की एक बड़ी सड़क दुर्घटना हो गयी थी, और उस दुर्घटना ने जैसे उनकी दुनिया को हिला दिया था।

पर अगर एक चीज़ थी जो ईवलिन ने कभी नहीं की, तो वह थी हार मानना।

दिन बीतते गए, पर वह उसकी तरफ़ से टस से मस नहीं हुई।

हर सुबह, वह नर्सों के राउंड शुरू होने से पहले ही वहाँ पहुँच जाती।

हर शाम, वह उसके पास बैठकर धीमी आवाज़ में विश्वास और उम्मीद के शब्द फुसफुसाती।

"दर्द चला जाएगा," वह उसके पट्टियों में लिपटे हाथ पर हल्के से उंगलियाँ फेरते हुए कहती, *"यीशु हमारे साथ हैं। हम इस परीक्षा से बाहर निकल आएँगे।"*

जॉर्ज, जो अपनी तकलीफ़ कभी ज़ाहिर नहीं करता था, उसका हाथ कसकर पकड़ लेता।

शब्दों में आभार व्यक्त करना मुश्किल था, पर उसकी नज़रों में कृतज्ञता की गहराई थी।

बलिदान, जो बिना किसी संकोच के दिए गए

समय बीतता गया, हफ्ते महीनों में बदलने लगे।

ईवलिन ने बिना किसी औपचारिक निर्णय के एक महत्वपूर्ण निर्णय ले लिया।

उसने स्कूल से लंबी छुट्टी ली, अपने शिक्षक होने की ज़िम्मेदारी को कुछ समय के लिए पीछे छोड़ दिया—

ताकि वह अपने पति की देखभाल कर सके।

जब आखिरकार जॉर्ज को अस्पताल से छुट्टी मिली,

तो ईवलिन ने खुद उसे रिक्शे में बैठने में मदद की,

उसकी पट्टियों को बड़े ही कोमल हाथों से सही जगह पर लगाया।

घर पहुँचते ही, वह एक पत्नी से एक नर्स और प्रबंधक में बदल गई।

हर दिन, हर घंटे, हर मिनट—उसने अपने कर्तव्य को बिना किसी शिकायत के निभाया। वह उसके घावों की सफ़ाई और पट्टियाँ बदलती,

ध्यान रखती कि दवाई समय पर दी जाए, खाना बनाकर खुद उसे खिलाती। जब जॉर्ज खुद से बैठने के लिए संघर्ष करता, तो ईवलिन ही थी जो उसे सहारा देकर बैठाती।

लेकिन इतना ही नहीं...

घर की भी सारी ज़िम्मेदारी उसी पर थी। एक लंबी बीमारी के साथ, खर्च भी बढ़ने लगा। लेकिन ईवलिन कभी चिंता में नहीं डूबी।

हर बिल समय पर भरा गया, हर ज़रूरत पूरी की गई।

और इसके बावजूद, उसने कभी भी अपनी तकलीफ ज़ाहिर नहीं की।

परिवार—एक ताकत, जो कभी अकेला नहीं छोड़ती

इस कठिन समय में, ईवलिन के सबसे बड़े भाई ने उसकी ताकत बनने का फैसला किया।

वह जॉर्ज के लिए रात का खाना लेकर अस्पताल पहुँचते।

उनका सादगी भरा प्रेम और समय समय पर छोटी-छोटी मदद

ईवलिन को यह एहसास दिलाते कि वह इस संघर्ष में अकेली नहीं थी।

यहाँ तक कि जॉर्ज के सहयोगी भी मदद को आगे आए।

हर महीने, उनमें से एक जॉर्ज का वेतन घर तक लाकर देता,

ताकि बिस्तर पर पड़े होने के बावजूद,

जॉर्ज को वित्तीय चिंता न करनी पड़े।

ये बातें उतनी बड़ी नहीं, परंतु उनके मायने बहुत गहरे थे।

और ईवलीन...? उसने मौन आभार व्यक्त किया।

वह जानती थी कि सबसे मज़बूत योद्धाओं को भी कभी-कभी एक सेना की जरूरत होती है।

एक पत्नी, जो सिर्फ़ जीवनसाथी नहीं—संरक्षक भी थी

पर ईवलिन की भूमिका सिर्फ़ शरीर की देखभाल तक सीमित नहीं थी।

वह उसकी ढाल थी। उसका सहारा। उसकी चुपचाप बहती ताकत।

रात के समय, जब जॉर्ज का दर्द असहनीय हो जाता,

जब सबसे शक्तिशाली दर्द निवारक भी काम करना बंद कर देते,

तब ईवलिन उसके सिरहाने बैठी रहती। धीमी आवाज़ में, बाइबल पढ़ती। उसकी आवाज़ स्थिर, शांत और भरोसेमंद होती।

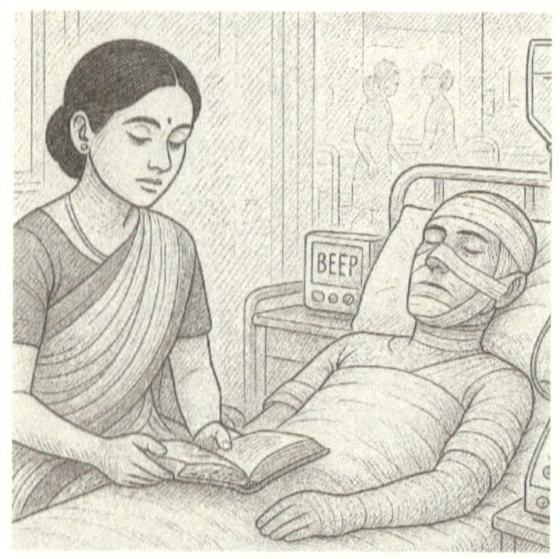

"तुम इस लड़ाई में अकेले नहीं हो, जॉर्ज।"

"और कभी रहोगे भी नहीं।" उसने कभी कमजोरी नहीं दिखाई। उसने कभी उसे यह महसूस नहीं होने दिया कि यह भार उस पर भारी पड़ रहा है।

क्योंकि यह प्रेम था।

वह प्रेम, जो शब्दों से नहीं, बल्कि निःशब्द बलिदानों से सिद्ध होता है।

साथ-साथ पुनर्प्राप्ति

कई महीनों बाद, जब जॉर्ज ने आखिरकार अपने आप बिना सहारे के चलना शुरू किया, ईवलिन वहीं थी—उसकी आँखों में एक गहरा, शांत विजय का भाव झलक रहा था।

उसने इस कठिन यात्रा को उनके साथ जिया था। हर दर्द, हर संघर्ष को महसूस किया था। और अब, वे दोनों इस अंधकार से बाहर निकल रहे थे—साथ-साथ।

ईवलिन का प्रेम केवल एक सांत्वना नहीं था। वह जॉर्ज के लिए संजीवनी था—एक ऐसी शक्ति, जिसने उसे संभाले रखा, उसे जीने की वजह दी।

5:

एक नई यात्रा का आरंभ

रेलगाड़ी के पहियों की लयबद्ध आवाज़ धीरे-धीरे दूर होती गई, और ईवलिन प्लेटफ़ॉर्म पर उतरी। उसके मन में अभी भी दिन की कक्षाओं की यादें ताज़ा थीं—बच्चों की हँसी, उनके जिज्ञासु प्रश्न, और वह स्नेह, जो उसने वर्षों से अपने छात्रों के लिए सँजोया था।

शिक्षिका के रूप में उसका जीवन सार्थक रहा था, लेकिन उसे यह आभास नहीं था कि अब उसकी सबसे महत्वपूर्ण सीखने की यात्रा शुरू होने वाली थी।

वर्ष **1975**

लखनऊ की गलियों में मानसून की पहली बूँदें गिर रही थीं, हवा में मिट्टी की सोंधी ख़ुशबू घुली हुई थी।

ईवलिन अब केवल एक शिक्षिका नहीं थी।

वह एक नई भूमिका में प्रवेश करने वाली थी—एक माँ बनने की भूमिका।

माँ बनने की यात्रा

रात के सन्नाटे में अचानक ईवलिन की करवट बदली। एक तेज़ झटका, फिर दूसरा।

उसने पेट पर हाथ रखा, गहरी साँस ली।

पास ही जॉर्ज सो रहे थे। वे हल्की आहट से ही जाग गए।

"क्या हुआ?" उनकी नींद भरी आवाज़ में चिंता झलक रही थी।

ईवलिन ने पीड़ा को सहते हुए धीरे से कहा,

"लगता है, वक़्त आ गया है।"

कुछ ही क्षणों में जॉर्ज पूरी तरह सतर्क हो गए। बिना देर किए, उन्होंने एक रिक्शा बुलवाया।

शहर की गलियाँ अंधेरे में डूबी थीं, सिर्फ इक्का-दुक्का कुत्तों के भौंकने की आवाज़ और कहीं दूर जाती ट्रेन की सीटी सुनाई दे रही थी।

रिक्शे की सवारी हिलोरें ले रही थी, और ईवलिन दर्द की लहरों से जूझते हुए रिक्शे की पकड़ को और कसती गई।

कैंटोनमेंट अस्पताल की ओर बढ़ते हुए, उसकी साँसें तेज़ हो रही थीं। जॉर्ज हर मोड़ पर रिक्शे वाले को जल्दी करने के लिए कह रहे थे।

जब अस्पताल पहुँचे, तब तक ईवलिन के लिए चलना भी कठिन हो चुका था।

माथे पर पसीने की बूँदें चमक रही थीं, साँसें तेज़ थीं, लेकिन आँखों में विश्वास था।

नर्सें दौड़कर आईं और उसे संभालते हुए लेबर वार्ड में ले गईं।

एक नई ज़िंदगी का स्वागत

बिस्तर पर लेटी हुई ईवलिन ने आँखें बंद कर प्रार्थना की।

"यीशु, मुझे ताकत दो।"

अस्पताल के बाहर, उसके अपने इंतज़ार कर रहे थे।

उसके बड़े भाई, छोटे भाई, और यहाँ तक कि उसके पिता भी, अस्पताल के गलियारे में खड़े थे।

वे हमेशा उसके साथ रहे थे—हर मुश्किल, हर बदलाव, हर सफर में।

आज भी, वे वहीं थे—अपनी चुप्पी में उसके लिए प्रार्थना करते हुए।

अंदर, समय अपनी रफ़्तार से चल रहा था।

ईवलिन का शरीर दर्द से काँप रहा था, हर लहर उसे और कमज़ोर कर रही थी। हर बीतते पल के साथ, जॉर्ज की चिंताएँ बढ़ रही थीं।

और फिर...एक मासूम लेकिन सशक्त आवाज़ ने रात के सन्नाटे को चीर दिया।

नन्ही सी एक किलकारी। जीवन का पहला आह्वान।

नर्स ने मुस्कुराते हुए उसे एक नन्हीं सी बच्ची की झलक दी।

"बधाई हो, आपको बेटी हुई है।"

ईवलिन की आँखों में आँसू भर आए।

उसने उस नन्हीं जान को अपनी बाँहों में लिया—एक स्पर्श, जो जीवनभर उसके हृदय में बसा रहेगा।

थकान, पीड़ा, सब पीछे छूट गया।

सिर्फ एक सुखद एहसास रह गया—माँ बनने का एहसास।

जॉर्ज उसके पास खड़े थे, उनके चेहरे पर पहली बार ऐसा भाव था, जिसे उन्होंने पहले कभी महसूस नहीं किया था—आश्चर्य, प्रेम, और अपार खुशी।

उन्होंने धीरे से अपनी बेटी के छोटे-से हाथ को छुआ और हल्के से बुदबुदाए—

"शीबा।"

एक नाम, जो उनके होठों से पहली बार निकला, लेकिन अब हमेशा के लिए उनके जीवन का हिस्सा बन चुका था।

और उसी क्षण, उनकी दुनिया हमेशा के लिए बदल गई।

ममता से परे एक और रिश्ता

ईवलिन धीरे-धीरे अपनी ज़िंदगी की लय में लौट रही थी, लेकिन अब उसके साथ एक नन्ही परछाई हमेशा बनी रहती—किटी, उसकी छोटी भतीजी।

नन्ही-सी बच्ची शीबा को उत्सुकता से निहारती, उसकी कोमल त्वचा को छूने के लिए अपनी नन्ही उंगलियाँ आगे बढ़ाती।

वह ईवलिन के पीछे-पी-छे चलती, हर वक्त उसकी गोद के करीब रहने की जिद करती।

"मैं भी मदद करूँगी, फुप्पो" उसने बड़ी-बड़ी आँखों से कहा।

ईवलिन मुस्कुराई, उसके सिर पर प्यार से हाथ फेरा।

माँ बनने के बाद, उसकी ज़िम्मेदारी सिर्फ एक बच्चे तक सीमित नहीं रही थी—बल्कि उसके जीवन में मौजूद हर बच्चे से उसका रिश्ता और गहरा हो गया था।

मगर माँ होने की यह यात्रा केवल प्यार और स्नेह की नहीं थी—बल्कि त्याग और संतुलन की भी थी।

फिर से कक्षा में, फिर से कर्तव्य पर

कुछ महीनों बाद, जब शीबा थोड़ी बड़ी और मज़बूत हो गई, ईवलिन ने एक निर्णय लिया।

शिक्षण उसके जीवन का एक अभिन्न हिस्सा था।

मगर अब, जब उसकी गोद में एक नन्हीं बच्ची थी, तो वह उसे छोड़कर स्कूल कैसे जा सकती थी?

कौन उसकी देखभाल करेगा?

उत्तर मिला—परिवार में।

हर सुबह, जब सूरज की किरणें हल्की-हल्की ज़मीन पर पड़ने लगतीं, ईवलिन और जॉर्ज शीबा को मुलायम कपड़ों में लपेटकर तैयार करते।

फिर, वे उसे अपने बड़े भाई के घर छोड़ने जाते, जहाँ उसकी भाभी नोरा उसकी देखभाल करती।

"विक्टर, तुम चिंता मत करो," नोरा ने बच्ची को अपनी बाहों में थामते हुए जार्ज से कहा।

ईवलिन ने सिर हिलाया, मगर जब उसने शीबा को अपनी बाहों से दूर किया, तो उसका दिल कस कर सिकुड़ गया।

जैसे ही वे दोनों अपने-अपने काम के लिए निकले, जॉर्ज ने ईवलिन के कंधे पर हल्के से हाथ रखा।

"यह तुम्हारा सपना था, ईवलीन," उसने उसे याद दिलाया।

और वह गलत नहीं था। जब ईवलिन ने स्कूल के प्रांगण में कदम रखा।

उनकी साड़ी करीने से सजी थी, हाथों में किताबों का ढेर था, लेकिन

उनका मन कहीं और था—अपने घर पर, जहाँ उनकी नवजात बेटी थी।

कुछ ही हफ्ते पहले वह मातृत्व अवकाश के बाद स्कूल लौटी थी। हर सुबह जब वह स्कूल के गेट से गुजरती, एक हल्की सी कसक उसके दिल में समा जाती।

हर दिन, ईवलिन अपनी आत्मा को दो हिस्सों में बाँट देती—एक कक्षा में और दूसरा अपनी बेटी में।

क्या शीबा ठीक होगी?
क्या उसने ठीक से खाया होगा?
क्या वह अपनी माँ को याद कर रही होगी?

लेकिन फिर वह खुद को दिलासा देती। शीबा सबसे सुरक्षित हाथों में थी।

परिवार के स्तंभ

ईवलिन ने जब पहली बार माँ बनने का एहसास किया, तभी से उसने खुद को कभी अकेला नहीं पाया।

उसके बड़े भाई और नोरा भाभी, ने हर कदम पर उसका साथ दिया।

नोरा खुद भी एक माँ थीं—असीम प्रेम और धैर्य से भरी हुईं, जिन्होंने अपनी दोनों बेटियों, गुड़िया और पिंकी को स्नेह और ममता से पाला था।

हर शाम, जब आसमान नारंगी रंग में बदलता और पक्षी अपने घर लौटते, जॉर्ज और ईवलिन भी अपनी बच्ची को लेने लौटते।

"आज का दिन कैसा था?" ईवलिन ने शीबा को गोद में उठाते हुए पूछा।

छोटी-सी शीबा खिलखिलाकर हँस दी, उसके छोटे हाथ माँ के चेहरे की ओर बढ़ गए।

और उस क्षण में, हर- संघर्ष, हर बलिदान, हर आँसू—सब कुछ सार्थक हो गया। ज़िन्दगी बदल चुकी थी। अब ईवलिन सिर्फ़ एक शिक्षिका नहीं रही। वह अब एक माँ थी, एक पोषणकर्ता, वह स्त्री जो दो दुनियाओं को अटूट शक्ति के साथ संतुलित कर रही थी।

शाम के हल्के धुंधलके में, जब स्ट्रीट लाइट्स की टिमटिमाती रोशनी सड़कों पर झिलमिला रही थी, ईवलिन अपनी गोद में शीबा को सहेजे

घर लौट रही थी। उसकी बाहों में नन्ही जान की कोमल गर्मी थी, और दिल में परमेश्वर के प्रति अपार कृतज्ञता।

संघर्षों के लिए। प्रेम के लिए। इस यात्रा के लिए।

और हर बीतते दिन के साथ, उसे एहसास हो रहा था कि मातृत्व भी शिक्षा की तरह केवल एक जिम्मेदारी नहीं, बल्कि एक उद्देश्य था।

बढ़ता परिवार – एक माँ की ताकत और बढ़ी

समय अपनी रफ्तार से चलता रहा। महीने सालों में बदल गए, और ईवलिन धीरे-धीरे माँ बनने की जिम्मेदारियों में रमती चली गई।

शीबा, अब दो साल की हो चुकी थी—चमकती, जिज्ञासु आँखों वाली एक नन्ही परी, जो पूरे परिवार का केंद्र बन गई थी।

वह केवल अपने माता-पिता की ही नहीं, बल्कि पूरे विस्तृत परिवार की लाडली थी।

अपने बड़े भाई के घर, जहाँ वह दिन का अधिकतर समय बिताती थी, गुड़िया, पिंकी, किटी और बिब्बो उसे बाहों में झुलातीं, गोद में उठाकर खिलातीं, जैसे वह उनकी छोटी गुड़िया हो।

शाम को जब ईवलिन पूरे दिन की थकान के बाद घर लौटती, तो शीबा नन्हे-नन्हे कदमों से दौड़कर उसकी ओर आती, बाँहें फैलाए, खुशी से खिलखिलाती हुई।

वे क्षण, वे नन्ही हँसी, वह नन्हा आलिंगन—यह सब माँ बनने के हर त्याग को सार्थक बना देते।

लेकिन माँ बनने की यह यात्रा अभी और आगे बढ़ने वाली थी।

कर्तव्य पहले – एक माँ और एक शिक्षिका

बस एक झटके से रुकी, धूल का बादल उठाते हुए, जब ईवलिन सावधानी से नीचे उतरी। उसकी गोद में छोटी शीबा थी, जिसे वह सीने से लगाए हुए थी। गर्म हवा उसके चेहरे से टकराई, लेकिन यह उस बुखार की तपिश को कम नहीं कर पाई, जो पिछली रात से उसके शरीर को जकड़े हुए था। उसने अपनी साड़ी को ठीक किया, शीबा को थोड़ा

और मजबूती से पकड़ा, और एक गहरी सांस ली।

कैसा भी मौसम हो, कैसी भी तबीयत हो, उसे स्कूल तो पहुँचना ही था।

बस के अंदर, सरकारी अधिकारियों का एक समूह यात्रियों को ध्यान से देख रहा था। उनमें से एक महिला, जो खादी की सफेद साड़ी में थी, शिक्षा विभाग की निरीक्षण समिति से थी। जब ईवलिन बस से उतरी, तो उसकी नज़र उसी पर पड़ी—एक युवा माँ, गोद में बच्ची, और चेहरे पर दृढ़ संकल्प की छाप।

"सुनिए, मैडम!" महिला ने पुकारा, उसकी आवाज़ भीड़ के बीच तेज़ी से फैल गई।

लेकिन ईवलिन नहीं रुकी। वह रुक भी नहीं सकती थी। स्कूल अभी भी कुछ मिनट की दूरी पर था, और वह जानती थी कि अगर वह ज़रा भी धीमी पड़ी, तो थकान उसे पूरी तरह जकड़ लेगी। छात्र उसकी प्रतीक्षा कर रहे थे, कक्षा तैयार थी, और उसमें देर करने का कोई विकल्प नहीं था। महिला ने देखा कि कैसे ईवलिन बिना रुके, बिना पीछे देखे, स्कूल की ओर जाने वाले संकरे, धूल भरे रास्ते में ग़ायब हो गई। उसने अपने सहयोगियों की ओर एक प्रश्नभरी नज़र डाली।

"यह तो मुड़कर भी नहीं देखी," एक अधिकारी ने आश्चर्य से कहा।

"शायद बहुत जल्दी में है। चलो, स्कूल चलकर देखते हैं, हो सकता है वहीं मिल जाए," महिला ने सुझाव दिया।

एक शिक्षक का समर्पण

जब शिक्षा विभाग के अधिकारी स्कूल पहुँचे, तब तक ईवलिन पहले ही कक्षा में खड़ी थीं। तेज़ बुखार के बावजूद, वह अपने विद्यार्थियों के सामने आत्मविश्वास से खड़ी थीं।

उनके चेहरे पर थकान के कोई चिन्ह नहीं थे, न ही उनकी आवाज़ में कोई कंपन। उनके लिए कर्तव्य पहले था, आराम बाद में। बस में मिली वह महिला धीरे-धीरे कक्षा के दरवाजे तक आई और कुछ पल खामोशी उन्हें पढ़ाते हुए देखती रही। फिर आगे बढ़कर मुस्कुराते हुए बोली—

"मैडम, मैं आपको बस स्टॉप पर आवाज़ दे रही थी, पर आप रुकी नहीं!" ईवलिन पलटीं। अब उन्हें एहसास हुआ कि यह वही महिला थी, जो उनसे कुछ कहना चाह रही थी।

लेकिन यह सिर्फ कोई साधारण महिला नहीं थी—यह शिक्षा विभाग की अधिकारी थीं, जो निरीक्षण दल का हिस्सा थीं।

ईवलिन ने झिझकते हुए हाथ में पकड़ी चॉक को हल्के से दबाया और विनम्र स्वर में बोलीं—*"मुझे माफ़ करिए,"* उनकी आवाज़ में संकोच था। *"मुझे ध्यान ही नहीं रहा। मैं बस जल्द से जल्द स्कूल पहुँचना चाहती थी। तबीयत ठीक नहीं थी, और मेरी छोटी बेटी भी साथ थी।"*

महिला ने हल्का सिर हिलाया। उनकी आँखों में अब आश्चर्य और प्रशंसा की झलक थी।

"आप जैसे शिक्षक बहुत कम देखने को मिलते हैं," उन्होंने आत्मीयता से कहा।

"बुखार में भी आप स्कूल आईं, बच्चों की शिक्षा के लिए अपनी तकलीफें भुला दीं—यह बहुत बड़ी बात है।"

ईवलिन ने हल्की मुस्कान दी। उनके लिए यह काम कोई प्रशंसा पाने के लिए नहीं था, यह उनका उत्तरदायित्व था। निरीक्षण दल ने अपना काम पूरा किया। उन्होंने कक्षाओं का निरीक्षण किया, स्कूल के रिकॉर्ड की जाँच की, और विद्यालय के वातावरण का आकलन किया।

जाते-जाते, महिला अधिकारी ने प्रधानाचार्य को अपनी रिपोर्ट सौंपी और गर्व से कहा—*"आपके स्कूल में एक बहुत ज़िम्मेदार शिक्षक हैं। इनकी लगन और ईमानदारी शिक्षा व्यवस्था के लिए एक मिसाल है।"*

दूर खड़ी ईवलिन ने यह सुना, लेकिन उनके चेहरे पर कोई दंभ या अभिमान नहीं था—बल्कि एक गहरी संतुष्टि की चमक थी।

उन्होंने कभी सराहना की अपेक्षा नहीं की थी, लेकिन यह जानकर कि उनकी मेहनत को पहचाना जा रहा है, उन्हें यह विश्वास दिलाया कि वह सही राह पर हैं।

जैसे ही निरीक्षण दल स्कूल परिसर से बाहर निकला, ईवलिन ने अपनी चॉक फिर से उठाई और अपनी कक्षा की ओर देखा।

"चलो, अब पढ़ाई शुरू करें," उन्होंने कोमल लेकिन आत्मविश्वास भरी आवाज़ में कहा।छोटी शीबा, जो अभी भी उनकी गोद में थी, हल्की-हल्की आवाज़ में कुछ बड़बड़ा रही थी। उसने अपना नन्हा सिर अपनी माँ के कंधे पर टिका दिया। ईवलिन ने प्यार से उसकी पीठ थपथपाई और अपनी कक्षा के बच्चों की उत्सुक आँखों की ओर देखा।

शिक्षा और मातृत्व – एक स्त्री की अमर गाथा

बुखार, थकान, संघर्ष—कुछ भी मायने नहीं रखता था।
वह वहीं थी, जहाँ उसे होना चाहिए था।
और कुछ भी—न बीमारी, न कठिनाइयाँ, न ही अचानक आने वाले
सरकारी अधिकारी—उसे उसके कर्तव्य से दूर नहीं कर सकते थे।

स्कूल की घंटी बजी, दिन समाप्त होने का संकेत देते हुए। ईवलिन ने
अपनी किताबें समेटीं, नन्ही शीबा को अपनी गोद में संभाला, और
हल्की धूप में बाहर कदम रखा।

थकान की गहरी परत उसके शरीर पर बैठी थी, लेकिन दिल में एक
शांति थी। एक और दिन सफलतापूर्वक पूरा हो गया था, और उसके
लिए यही काफी था।

जैसे ही वह बस स्टॉप की ओर बढ़ी, उसकी सोच सुबह हुई उस
अप्रत्याशित मुलाकात पर टिक गई—शिक्षा अधिकारियों के साथ।

उनकी बातें उसके दिल में पहले से मौजूद सत्य को और दृढ़ कर गईं—
कि अध्यापन सिर्फ एक पेशा नहीं था, बल्कि एक पुकार थी।

वापसी का सफर – विचारों की लहरें

बस की खिड़की से आती ठंडी हवा उसकी थकी हुई पलकों को छू रही
थी। लंबा सफर, उबड़-खाबड़ सड़कें, और गोद में मीठी नींद में डूबी
छोटी शीबा। ईवलिन ने बाहर देखा—सुनहरे सूर्यास्त की किरणें
आसमान को एक हल्के चमकदार रंग से रंग रही थीं।

उसकी सोचें घर की ओर मुड़ गईं। वह सिर्फ एक शिक्षिका नहीं थी—
वह एक माँ थी, एक पत्नी थी, अपने परिवार की ताकत थी।

कर्तव्यों की दोहरी ज़िम्मेदारी

बस जैसे ही उसके ठहराव पर रुकी, उसने शीबा को कसकर पकड़ा
और बाहर कदम रखा।

घर लौटने का यह सफर केवल शारीरिक नहीं था—यह मानसिक और
भावनात्मक रूप से भी एक नई यात्रा की शुरुआत थी।

अब उसकी ज़िन्दगी के अगले अध्याय की शुरुआत हो रही थी—मातृत्व और अध्यापन के बीच संतुलन साधने की बारी थी।

उसने हमेशा विश्वास किया था कि एक स्त्री अपने परिवार को संवारते हुए अपने सपनों को भी संजो सकती है। और अब वह खुद अपने जीवन से इस सत्य को साबित करने के लिए तैयार थी।

एक माँ और एक शिक्षिका – दोनों का सफर

वह घर की ओर बढ़ी, अपने अंदर एक नई शक्ति महसूस करते हुए।

उसे अंदाजा नहीं था कि आने वाले वर्षों में जीवन उसे कितनी नई खुशियाँ, संघर्ष और चुनौतियाँ देगा।

लेकिन एक चीज़ निश्चित थी—वह कभी हार नहीं मानेगी।

जिस तरह उसने कक्षा के हर छात्र को संवारने में अपना दिल और आत्मा लगा दी थी, अब वैसी ही निस्वार्थ भक्ति अपने बच्चों को भी देने का समय आ गया था।

अध्यापन का यह सफर अब सिर्फ स्कूल की दीवारों तक सीमित नहीं रहेगा। अब वह एक माँ के रूप में भी इस यात्रा को जारी रखेगी।

एक नए अध्याय की शुरुआत

और इस तरह, जब वह कक्षा में उत्सुक चेहरों से घिरी खड़ी थी, वह अपने जीवन के एक और मोड़ पर भी खड़ी थी।

एक ऐसा मोड़, जो उसे जीवन का सबसे सुंदर उपहार देने वाला था— मातृत्व। एक ऐसा सफर, जो उसकी दृढ़ता की नई परिभाषा लिखने वाला था। एक ऐसा अध्याय, जो उसकी विरासत को और अधिक मजबूत बनाएगा।

यह केवल अध्यापन की कहानी नहीं थी—यह एक माँ की कहानी थी। एक स्त्री की, जिसने शिक्षा को अपनी आत्मा से जिया और अपने परिवार को अपने हृदय से संभाला।

और यह यात्रा अभी समाप्त नहीं हुई थी...

6:

घर पर जन्म – जब परिवार एकजुट हुआ

दो साल बीत चुके थे, और ईवलिन ने एक बार फिर अपने भीतर एक नई ज़िंदगी की हलचल महसूस की।

इस बार, उसने एक निर्णय लिया—वह अपने मायके जाकर

अपनी दूसरी संतान को जन्म देगी।

ईवलिन और उसके मायके के बीच का बंधन अटूट था।

हालाँकि उसने जॉर्ज के साथ एक सुंदर घर बसाया था, फिर भी उसके दिल का एक हिस्सा अब भी वही

था जहाँ उसने अपना बचपन बिताया था—जहाँ सभी भाइयों और पिता के स्नेह ने उसे सँवारा था।

और जब वह क्षण आया, वह मायके चली गई—जहाँ उसका परिवार बाँहें फैलाए उसका इंतज़ार कर रहा था।

दूसरी बेटी का जन्म

रात शांत थी, लेकिन घर के अंदर एक अलग ही हलचल थी—उत्साह, घबराहट और प्रार्थनाओं का संगम।

घर की औरतें तेजी से इधर-उधर घूम रही थीं—गर्म पानी तैयार कर रही थीं, साफ कपड़े इकट्ठे कर रही थीं, और धीरे-धीरे हिम्मत बंधा रही थीं।

ईवलीन, उसी पुराने लकड़ी के बड़े बिस्तर पर लेटी थी, जिस पर कभी बचपन में सोया करती थी। अब वही बिस्तर एक नए जीवन की गवाही देने वाला था।

जैसे ही प्रसव पीड़ा की लहरें उसके शरीर में उठीं, उसने चादर को कसकर पकड़ लिया।

बाहर, उसके सभी भाई बेचैनी से टहल रहे थे।

पिता चुपचाप प्रार्थना में बैठे थे, उनके होंठ धीमे-धीमे बुदबुदा रहे थे।

अंदर, उसकी भाभियाँ उसके पास बैठी थीं, उसका हाथ थामे हुए, उसे सांत्वना दे रही थीं।

"बस थोड़ी और हिम्मत रखो, ईवलीन," उनमें से एक ने धीरे से कहा।

और फिर—एक मासूम रोने की आवाज़ ने पूरे घर को भर दिया।

एक सुंदर, स्वस्थ बच्ची ने इस दुनिया में कदम रखा था।

ईवलिन की आँखों में आँसू छलक आए, जब उसने अपनी नवजात बेटी को सीने से लगाया।

यह जीवन का स्पंदन था। यह प्रेम था। यह निरंतरता थी।

बड़े भाई की पत्नी, नोरा भाभी, उसके माथे पर हाथ फेरते हुए मुस्कुराईं।

जब जॉर्ज बाद में अन्दर आया, उसकी आँखों में खुशी की चमक थी।

"रिंकू नाम कैसा रहेगा?" उसने उत्साह से सुझाव दिया।

ईवलिन ने हल्की मुस्कान के साथ सिर हिला दिया।

उसने उसी घर में संतान को जन्म दिया था, जहां वह खुद कभी बेटी थी।

अब, वह दो बच्चों की माँ थी।

दो बेटियों की माँ बनने के बाद, ईवलिन की दुनिया खुशियों से भर गई थी।

रिंकू की किलकारियाँ घर में गूंजती थीं, और उनके साथ बिताया हर पल ईवलिन के लिए अनमोल था।

लेकिन जिंदगी की यह कहानी अभी पूरी नहीं हुई थी।

दो साल बाद, एक और नन्हा मेहमान आने वाला था, जो उनके परिवार को पूर्ण करेगा।

एक परिवार का आशीर्वाद – बेटे का जन्म

रात के अंधेरे में एक अजीब सी बेचैनी थी।

ईवलिन के मायके का आँगन हल्की रोशनी से जगमगा रहा था। अंदर,

लकड़ी के पलंग पर लेटी ईवलिन प्रसव पीड़ा से जूझ रही थी।

पसीने की बूंदें उसके माथे से गिर रही थीं, और हर सांस के साथ उसकी तकलीफ बढ़ती जा रही थी।

कमरे में मौजूद औरतें जल्दी-जल्दी इधर-उधर आ-जा रही थीं—कभी गर्म पानी, कभी साफ कपड़े लातीं।

दाई माँ, एक बुजुर्ग महिला, जो सालों से न जाने कितने बच्चों को जन्म दिलवा चुकी थी, ईवलिन के पास बैठी, उसे सहेज रही थी।

"सांस लो, ईवलीन... बस थोड़ी देर और," नोरा भाभी ने उसका हाथ कसकर पकड़ते हुए कहा।

कमरे के बाहर ईवलिन के पिता गहरी प्रार्थना में लीन थे।

उनके होंठ धीरे-धीरे फड़फड़ा रहे थे, जैसे हर सांस के साथ परमेश्वर से उनकी बेटी की सलामती की भीख मांग रहे हों।

बड़े भाई कमरे के दरवाजे पर बेचैनी से टहल रहे थे, और छोटे भाई एक ओर बैठे, व्याकुलता से एक-दूसरे को देख रहे थे।

दूसरे कमरे में बच्चे— गुड़िया, पिंकी, किट्टी, बिब्बो और अन्य भाई—उत्सुकता से फुसफुसा रहे थे।

"फुप्फो का बेबी आने वाला है!" पिंकी ने खुशी से फुसफुसाया।

"मुझे लगता है लड़का होगा!" किट्टी ने अपना अनुमान लगाया।

"नहीं, लड़की होगी!" बिब्बो ने विरोध किया। *"फूफो को शीबा और रिंकू के लिए एक और बहन चाहिए!"*

और तभी, कमरे से एक तेज़, नन्हीं चीख गूँजी।

सारा घर कुछ क्षणों के लिए सन्नाटे में डूब गया।

फिर, दाई माँ ने नवजात को कपड़े में लपेटते हुए मुस्कुराकर घोषणा

की—

"लो, लड़की हुई है!"

कमरे में कुछ पल के लिए स्तब्धता छा गई। ईवलिन ने हल्की उलझन से आँखें झपकाईं।

पर तभी, दाई माँ ने जोर से साँस ली, और फिर हँसते हुए कहा—

"अरे नहीं, नहीं! बेटा हुआ है!"

सारी घबराहट हंसी में बदल गई।

नोरा भाभी ने हँसते हुए दाई माँ को हल्की थपकी लगाई—

"दाई माँ, पहले ही सही देखना था!"

दाई माँ मुस्कुराते हुए बोलीं—

"अंधेरे में कभी-कभी गलती हो जाती है!"

कमरे के बाहर बैठे ईवलिन के पिता ने सुना—

"बेटा हुआ है!"

उन्होंने लंबी सांस छोड़ी। *"शुक्र है, प्रभु का!"* उन्होंने धीरे से कहा।

बाहर बच्चों में खुशी की लहर दौड़ गई।

"बेटा हुआ है!" किसी ने चिल्लाकर कहा, और सारे बच्चे दौड़ते हुए अंदर चले आए।

गुड़िया सबसे पहले पहुँची।

उसने छोटे से नवजात को देखा—उसकी नन्हीं मुट्ठियाँ बंद थीं, और चेहरा सिकोड़ा हुआ था।

फिर वह सोचते हुए ईवलिन और जॉर्ज की ओर मुड़ी और बोली—

"इसका नाम सुचित रखो। यह नाम इसके लिए एकदम सही है!"

नोरा भाभी, जो अभी भी बच्चे को पकड़े थीं, भावुक होकर बोलीं—

"हाँ, सुचित नाम अच्छा रहेगा।"

ईवलिन ने हल्की मुस्कान के साथ सिर हिला दिया—

"हाँ, यह नाम अच्छा है।"

कमरे के बाहर ईवलिन के पिता ने सुना।

एक बेटा।

एक पोता।

उन्होंने सिर झुका लिया, एक बार फिर परमेश्वर को धन्यवाद दिया।

उसके बड़े भाई, जिन्होंने बेचैनी से इंतज़ार किया था, आखिरकार मुस्कुराए।

"ईवलीन, तुमने हमेशा धैर्य से सब कुछ सहा है। यह परमेश्वर का एक और वरदान है।"

छोटे भाइयों ने हँसते हुए जॉर्ज की ओर देखा, जो दरवाजे पर खड़ा था— अंदर आने की हिम्मत जुटाते हुए।

"अब तो घर में एक और हीरो आ गया है, विक्टर!" उनमें से एक ने मज़ाक किया। (परिवार वाले जार्ज को प्यार से विक्टर भी कहते थे)

जॉर्ज, जो हमेशा संयमित रहता था, धीरे-धीरे अंदर आया।

उसकी आँखें सीधे ईवलिन और उनके बेटे पर टिक गईं।

वह कुछ नहीं बोल पाया। शब्द उसके गले में अटक गए।

ईवलिन ने ऊपर देखा, उसकी थकान अब मानो गायब हो गई थी। *"हमारा परिवार अब पूरा हो गया,"* उसने हल्की आवाज़ में कहा।

जॉर्ज, जो अपने बेटे को देख रहा था, आखिरकार बोला—

"हाँ, ईवलीन। अब सब कुछ पूरा लग रहा है।"

शीबा और रिंकू का अपने भाई से मिलना

अगले दिन, जब ईवलिन घर लौटी, छोटी शीबा और रिंकू पहले से ही बेसब्री से इंतजार कर रही थीं।

शीबा, जो सिर्फ चार साल की थी, अपने पिता की टांगों से चिपक गई।

"ये कौन है?" उसने बड़े आश्चर्य से पूछा।

रिंकू, जो सिर्फ दो साल की थी, धीरे-धीरे आगे बढ़ी, बच्चे को देखने के लिए।

"बेबी!" वह खुशी से चिल्लाई, ताली बजाते हुए। जॉर्ज उनके पास बैठ

गया और मुस्कुराकर बोला— *"ये तुम्हारा छोटा भाई है, सुचित।"* शीबा ने झिझकते हुए एक कदम आगे बढ़ाया।

"क्या ये मेरे साथ खेलेगा?" उसने मासूमियत से पूछा।

ईवलिन हल्के से हँसी और प्यार से कहा— *"अभी नहीं, लेकिन जब बड़ा हो जाएगा, तब जरूर खेलेगा।"*

शीबा ने कुछ पल सोचा, फिर धीरे से आगे बढ़कर अपने छोटे भाई के माथे पर एक हल्की चुम्मी दी।

"मुझे यह पसंद है," उसने गर्व से घोषणा की।

रिंकू, जो पीछे नहीं रहना चाहती थी, बच्चे के कम्बल पर हल्का सा हाथ फेरने लगी।

और उसी पल, सभी का एक नया रिश्ता बन गया उस नन्हे मेहमान के साथ।

एक ऐसा बंधन, जो समय के साथ और मजबूत होता जाएगा।

एक ऐसा प्यार, जो हमेशा, हर परिस्थिति में कायम रहेगा।

जॉर्ज और ईवलिन की परवरिश से जुड़ी चिंताएँ

एक शांत संध्या थी। बच्चे सो चुके थे। ईवलिन कमरे के कोने में बैठी, ताज़े धुले कपड़ों को तह कर रही थी। मिट्टी के तेल के लैंप की मद्धम रोशनी कमरे में झिलमिला रही थी, जिससे दीवारों पर हल्की-हल्की परछाइयाँ उभर रही थीं।

पास ही, जॉर्ज लंबी साँस लेकर पीठ टिकाए बैठे थे, अपने लंबे दिन की थकान को महसूस करते हुए। उनके चेहरे पर एक गंभीर सोच का भाव था।

जॉर्ज (गहरी साँस लेते हुए): *"ईवलीन, हम दोनों नौकरी पर जाते हैं... कभी-कभी सोचता हूँ कि बच्चों का ध्यान कैसे रखा जाए?"*

ईवलिन ने धीरे से एक छोटी फ्रॉक को तह किया और जॉर्ज की ओर देखा।

ईवलिन (नरम स्वर में): *"मैं भी यही सोच रही थी, विक्टर... शीबा तो थोड़ी बड़ी हो गई है, लेकिन रिंकू और सुचित अभी बहुत छोटे हैं। उन्हें घर पर अकेला नहीं छोड़ा जा सकता।"*

जॉर्ज ने माथे पर हाथ फेरा, जैसे गहरी सोच में डूब गए हों।

"तो फिर क्या किया जाए? क्या तुम रिंकू को अपने साथ स्कूल ले जा सकती हो?"

ईवलिन कुछ पल के लिए रुकी, फिर सिर हिलाया।

"हाँ, कभी-कभी ले जा सकती हूँ... लेकिन हर दिन संभव नहीं होगा। कभी मेड का सहारा लेना पड़ेगा, और कभी नोरा भाभी की मदद भी लेनी पड़ेगी।"

जॉर्ज ने लम्बी साँस छोड़ते हुए छत की ओर देखा।

"अच्छा, हम ऐसा कर सकते हैं... जब भी मेरी ड्यूटी जल्दी खत्म होगी, तो मैं बच्चों को संभाल लूँगा।"

ईवलिन ने मुस्कुराते हुए अपना हाथ उनके हाथ पर रखा।

"देखो विक्टर, हमने अब तक सबकुछ मिलकर संभाला है। यह भी संभाल लेंगे।"

जॉर्ज ने भी हल्की मुस्कान के साथ सिर हिलाया। उन्हें पता था कि जब तक वे एक-दूसरे का साथ देंगे, तब तक कोई भी परेशानी बड़ी नहीं होगी।

बाहर ठंडी हवा बह रही थी। ईवलिन ने धीरे-धीरे अंतिम कपड़े तह कर अलमारी में रख दिए और एक मौन प्रार्थना की—बल के लिए, समझदारी के लिए, और अपने बच्चों के उज्ज्वल भविष्य के लिए।

और इस तरह, हर बातचीत, हर समझौते, और हर त्याग के साथ, जॉर्ज और ईवलिन अपने माता-पिता होने के सफर को दिशा देते रहे।

बचपन के सुनहरे दिन शुरू हो चुके थे—एक ऐसा समय, जो प्यार, गर्मजोशी और उन हँसी की गूँज से भरा था, जो जीवनभर उनके साथ रहने वाली थी।

7:

सुनहरे बचपन की यादें:
प्रेम, हँसी और साथ के इतवार

समय बीतने के साथ, जीवन की तमाम चुनौतियों और जिम्मेदारियों के बीच रविवार का दिन मैसी परिवार के लिए एक पवित्र अवसर बन गया।

हर रविवार की सुबह, ईवलिन जल्दी उठ जातीं। बच्चों को चर्च जाने के लिए तैयार करना उनका सबसे पहला काम होता।

"शीबा, जल्दी तैयार हो जाओ!" वह आवाज़ लगातीं, वहीं दूसरी ओर, रिंकू के बालों की दो साफ-सुथरी चोटियाँ बना रही होतीं।

जॉर्ज पहले से ही तैयार होते, घड़ी पर नज़र डालते हुए कहते, *"अगर अभी चलें, तो ठीक प्रार्थना सभा शुरू होने के समय पहुँचेंगे।"*

पूरा परिवार चर्च के लिए निकल पड़ता।

गणेशगंज मेथोडिस्ट चर्च, अपनी ऊँची लकड़ी की बेंचों और रंगीन काँच की खिड़कियों के साथ, शांति का स्थान लगता।

बाहरी दुनिया की सभी चिंताओं से कुछ क्षणों का सुकून।

जैसे ही भजन गूँजते, ईवलिन अपनी आँखें बंद कर लेतीं, मौन प्रार्थना करतीं।

"हे प्रभु, मुझे यह सामर्थ्य देने के लिए धन्यवाद कि मैं अपना घर, अपना काम और अपने परिवार को सँभाल सकूँ।"

लेकिन सच्ची ख़ुशी तो चर्च के बाद शुरू होती।

मामा का घर: हँसी और साथ का दूसरा नाम

चर्च से सीधे, पूरा परिवार मामा के घर की ओर बढ़ता—

एक ऐसा स्थान जहाँ प्रेम की गर्माहट थी, एक-दूसरे का साथ था, और जहाँ हर कोना हँसी से गूँजता था।

जैसे ही वे दरवाजे से अंदर कदम रखते, परिचित आवाज़ें, प्यार भरे आलिंगन और घर में बने खाने की महक स्वागत करती।

यह घर एक दूसरे घर जैसा ही था।

शीबा और रिंकू हँसते-खेलते आगे भाग जातीं, जबकि छोटा सा सुचित, ईवलिन का हाथ कसकर थामे चलता।

मामा की बेटियाँ, जो पास के बच्चों को ट्यूशन पढ़ाती थीं, व्यस्त होतीं।

घर के आँगन में खेलते हुए बच्चे, उनके फ्री होने का इंतज़ार करते।

इसी बीच, रसोई में मामी चूल्हे पर कुछ पकाने में व्यस्त होतीं—माँ के उस स्नेह और समर्पण के साथ, जिसे सिर्फ़ एक माँ ही समझ सकती है।

"आज क्या बन रहा है, मामी?" शीबा उत्सुकता से पूछती।

मामी मुस्कुराकर, दाल चलाते हुए कहतीं,
"दाल चावल, सब्ज़ी और रोटी—बस थोड़ा और इंतज़ार, बेटा। सब मिलकर खाएँगे।"

परिवार के साथ स्वाद और स्मृतियों का संगम

मामा के घर दोपहर का भोजन हमेशा विशेष होता।

पूरा परिवार एक ही मेज़ के चारों ओर बैठकर खाना खाता, और साथ में कहानियाँ, हँसी और प्यार बाँटता।

खाने के बाद, सभी लोग बैठक में एक साथ बैठते।

वहाँ एक पुराना ब्लैक-एंड-व्हाइट टीवी था, जिस पर सिर्फ़ दूरदर्शन चैनल आता था।

सभी लोग पुरानी फ़िल्में देखते, नाटकीय दृश्यों पर हँसते, और गानों के साथ गुनगुनाते।

बच्चों के लिए, यह दिन का सबसे शानदार हिस्सा होता।

"इसके बाद हम खेलेंगे!" रिंकू उत्साह से घोषणा करती, अगली गतिविधि पहले से ही सोचकर।

रात का सफ़र और दिल में बसी यादें

धीरे-धीरे, रात क़रीब आती।

पूरा परिवार रिक्शे में बैठकर घर लौटता।

रात की ठंडी हवा गालों को छूती, और दिनभर की ख़ुशी अब भी उनके दिलों में गूँजती।

ईवलिन जॉर्ज की ओर देखतीं, जिनकी गोद में सोया हुआ सुचित था।

शीबा और रिंकू उनके कंधे पर सिर टिकाए, नींद भरी आँखों से बाहर झाँक रही होतीं।

ईवलिन हल्के से मुस्कुरातीं। *"आज भी एक अच्छा दिन था।"*

जॉर्ज, सड़क पर नज़र टिकाए, सिर हिलाते हुए कहते, *"हाँ, बहुत यादगार।"*

उस रिक्शे की धीमी गति, सड़क पर जलती पीली स्ट्रीट लाइट की रोशनी, और पहियों और पैडल की हल्की खड़खड़ाहट के बीच— ईवलिन अपने बच्चों को और क़रीब खींच लेतीं।

क्योंकि वह जानती थीं कि एक दिन, जब ये बच्चे बड़े हो जाएँगे, तब यही रविवार उनके बचपन की सबसे सुनहरी यादें बन जाएँगी।

नाना का स्नेह – यादों की मिठास और लोहे के बक्से से लड्डू

समय के साथ, ईवलिन और जॉर्ज ने अपने बच्चों को मायके से जोड़े रखने के लिए वहाँ जाना जारी रखा।

उन यात्राओं की कई यादें थीं, लेकिन एक जो सबसे ज्यादा यादगार बनी, वह थी नोरा भाभी का स्नेह।

नोरा भाभी, अपनी मस्तमौला और स्नेही स्वभाव के कारण, सुचित को बेहद प्यार करती थीं।

हर बार जब वे वहाँ जाते, वह मज़ाकिया अंदाज़ में ईवलिन और जॉर्ज से कहतीं— *"ईवलीन, विक्टर, हमें सुचित दे दो। हम उसका बहुत ध्यान*

रखेंगे। कानूनी काग़ज़ भी बनवा लेंगे!"

जॉर्ज, जो हमेशा मज़ाक के लिए तैयार रहते, हँसते हुए जवाब देते—

"हाँ हाँ, ले लीजिए, अभी ले लीजिए!"

ईवलिन उनकी नोकझोंक सुनतीं और बस मुस्कुराकर रह जातीं।

उन्हें पता था कि सुचित सिर्फ उनका बेटा नहीं था—वह पूरे परिवार का दुलारा था।

बचपन की प्यारी शरारतें

जैसे-जैसे सुचित बड़ा हुआ, उसके मामा और मामी के घर की यात्राएँ और भी खास हो गईं। वह घर में घुसते ही उत्साह से भर जाता, कोने-कोने में दौड़ता, हर चीज़ को टटोलता।

लेकिन एक चीज़ थी, जो उसे सबसे ज्यादा पसंद थी—

बैठकखाने की सेंटर टेबल को खींचना। क्यों? कोई नहीं जानता।

पर वह बड़ी लगन से भारी लकड़ी की मेज़ को इधर-उधर सरकाता।

मामी और मामा उसकी इस हरकत को देखकर हँसते।

"देखो देखो, फिर से शुरू हो गया!" मामी हँसते हुए कहतीं।

सच में, उसकी मासूम शरारतें ही उसकी पहचान थीं।

लोहे के बक्से से मिलने वाली मिठास

लेकिन एक याद ऐसी थी, जो सुचित के दिल में सबसे गहरी बैठ गई।

उसके नाना का प्रेम।

हर बार जब वे वहाँ जाते, उसके नाना उसे अपने कमरे में बुलाते।

छोटे-छोटे क़दमों से सुचित उनके पीछे पीछे चलते हुए उनके कमरे में प्रवेश करता, उसकी आँखों में वही जानी-पहचानी चमक होती।

कोने में लोहे का पुराना बक्सा रखा होता।

वह सालों पुराना था, किनारों से थोड़ा जंग लगा हुआ, लेकिन उसके लिए वह किसी खज़ाने से कम नहीं था।

नाना बड़े सलीके से बक्सा खोलते, उसमें रखी चीज़ों को धीरे-धीरे

हटाते। और फिर, एक सुनहरा, गोल लड्डू निकालकर सुचित की नन्ही हथेलियों में रख देते।

"सिर्फ एक, ठीक है?" नाना हल्की मुस्कान के साथ कहते। लेकिन सुचित जानता था—यह सिर्फ एक मीठा निवाला नहीं था। यह प्रेम की विरासत थी। और हर बार, अगली बार के इंतज़ार में, उसका मन खुशियों से भर जाता।

एक पल, जिसने सब कुछ बदल दिया

लेकिन जिंदगी हमेशा एक जैसी नहीं रहती।

एक दिन, दरवाज़े पर किसी ने तेज़ी से दस्तक दी।

जब ईवलिन ने दरवाज़ा खोला, तो सामने एक आदमी चिंतित चेहरा लिए खड़ा था।

"बुआ जी, जल्दी चलिए... आपके पापा जी की तबीयत बहुत खराब है।"

बिना एक पल गँवाए, ईवलिन ने सुचित का हाथ पकड़ा और तेजी से निकल पड़ीं।

जब वे अपने मायके पहुँचीं, वहाँ का माहौल कुछ अलग था—

भारी, गहरा, अनकहे दुःख से भरा हुआ।

कमरे के बीचों-बीच उनके पिता चारपाई पर लेटे थे।

सांसें धीमी पड़ रही थीं, कभी तेज़, कभी धीमी।

चारों तरफ भाइयों, बहनों, रिश्तेदारों का जमावड़ा था।

सब चुप थे। सब इंतज़ार कर रहे थे।

फिर— एक सांस। फिर दूसरी। फिर एक और...और फिर— सन्नाटा।

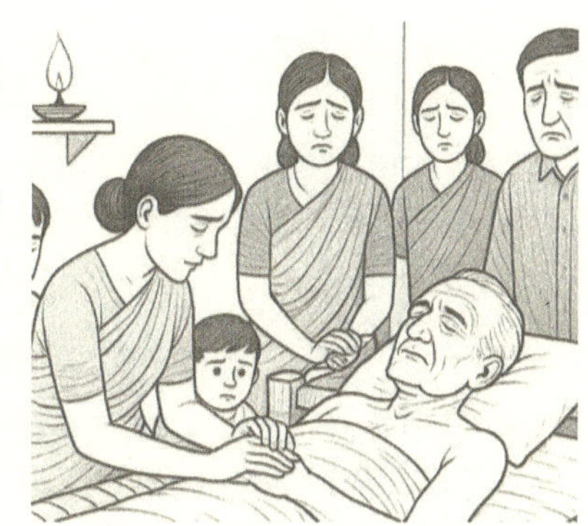

बिछड़ने का दर्द

ईवलिन ने उनके हाथ थाम लिए, लेकिन अब वे स्थिर हो चुके थे।

चारों ओर परिवार के लोग सिर झुकाए खड़े थे, आँखों में गहरी पीड़ा।

और सुचित? वह समझ नहीं पाया कि हुआ क्या है।

बस इतना ही जानता था कि वह हाथ, जो कभी लोहे के बक्से से उसके लिए लड्डू निकालते थे... अब कभी नहीं उठेंगे।

स्मृतियों में जीवित रहने वाली विरासत

साल बीत गए। पर ईवलिन अपने बच्चों को अपने पिता की कहानियाँ सुनाती रहीं।

"वो सिर्फ एक पिता नहीं थे, बेटा। वो हमारा सहारा थे, हमारी ताकत थे।" और सच में, नाना चले गए, लेकिन उनकी विरासत अमर हो गई।

उनका प्रेम, उनकी सीख, उनके दिए हुए अनमोल पल—

वह समय भी मिटा नहीं सकता।

मौसी के घर – बचपन की यादें

ईबलिन के परिवार के लिए मौसी के घर जाने का एक अलग ही उत्साह था। ईबलिन की बड़ी बहन म्यूरियल, उनके पति आर्थर एडिसन, और उनके बच्चे सैलमा, आशू और छोटू रेलवे क्वार्टर में रहते थे।

आर्थर रेलवे में काम करते थे, जबकि म्यूरियल सरकारी स्कूल में

शिक्षिका थीं। उनकी गृहस्थी अनुशासन और अपनापन, दोनों से भरी हुई थी।

एक छुट्टी की सुनहरी सुबह, घर में हलचल थी। ईवलिन ने बैग पैक किए, बच्चों की आँखों में उत्साह झलक रहा था।

"मम्मी, हम मौसी के घर कब चलेंगे?" रिंकू ने उतावली से पूछा।

"बस, थोड़ी देर में," ईवलिन ने मुस्कुराकर कहा।

सुचित पहले ही बैचेन था। वह उछलकर बोला, *"मैं छोटू भईया के साथ खेलूँगा! और साइकिल चलाना भी सीखना है!"*

जॉर्ज ने अखबार मोड़ते हुए हँसकर कहा, *"बस वहाँ पहुँचने की देर है, फिर तुम लोग घर सिर पर उठा लोगे!"*

जब वे वहाँ पहुँचे, तो म्यूरियल ने ईवलिन को गले से लगा लिया।

"अरे, आंटी लोग आ गए है!" सैलमा ने सबसे पहले आगे बढ़कर अपने छोटे कज़िन्स का स्वागत किया।

"सुचित, चलो! आशू और छोटू तुम्हारा इंतज़ार कर रहे हैं!"

आशू और छोटू दौड़ते हुए आए।

"आज साइकिल कौन सीख रहा है?" छोटू ने चिढ़ाते हुए पूछा।

"मैं! और मैं गिरूँगा नहीं!" सुचित ने पूरी आत्मविश्वास से कहा।

सभी हँस पड़े। सब जानते थे कि साइकिल सीखने में कुछ गिरने-पड़ने का हिस्सा तो होता ही है!

रसोई में तड़के की खुशबू फैल चुकी थी। सैलमा तेज़ी से सब्ज़ियाँ काट रही थी, नरम गरम रोटियाँ बेल रही थी।

"अरे, सैलमा मैं हाथ बँटा दूँ?" ईवलिन ने कहा।

"अरे आंटी, आप बैठिये ना! आज सिर्फ खाने का मज़ा लीजिये!" सैलमा ने ज़िद की।

"नहीं नहीं, आज तुम मेहमान हो," म्यूरियल ने मुस्कुराकर कहा, और ताज़ी बनी दाल की बड़ी हांडी लाकर रख दी।

इस बीच, बच्चे भूख से बेचैन होकर उछल रहे थे।

"मौसी, जल्दी खाना दो ना!" रिंकू ने झुंझलाते हुए कहा। *"पहले हाथ*

धोना!" म्यूरियल ने सख्ती से कहा।

हँसते-खेलते, सब बच्चे हैंडपंप के पास भागे, पानी से खेलते हुए हाथ धोए, फिर फर्श पर बिछी दरी पर बैठ गए।

खाने के साथ कहानियाँ भी परोसी गईं। हँसी-मज़ाक के बीच गरम रोटियाँ टूटती रहीं और प्यार भरी डाँट-फटकार के बीच स्वादिष्ट खाना खत्म हुआ।

सुचित की साइकिल सीखने की जिद

खाने के बाद असली रोमांच शुरू हुआ।

जब 1990 के दशक में एक साइकिल किराये पर ली जाती थी — सिर्फ़ एक रुपया प्रति घंटा में।

सुचित माँ से पैसे लेता, फिर छोटू को आवाज़ देकर साथ चल पड़ता।

"छोटू भईया, मुझे साइकिल चलाना सिखाओ!" सुचित ने जोश में कहा।

छोटू ने शरारती मुस्कान के साथ कहा, *"बोलने से नहीं, हिम्मत से आएगी!"*

सुचित ने कांपते पैरों से साइकिल पर चढ़ने की कोशिश की।

पहली बार... धड़ाम! दूसरी बार... फिर से धड़ाम!

"भईया, तुम गिरने में एक्सपर्ट हो!" रिंकू ने चिढ़ाया।

"चुप कर!" सुचित ने धूल भरी हथेलियाँ झाड़ते हुए कहा।

पर उसने हार नहीं मानी। बार-बार गिरकर उठता रहा। और शाम होते-होते, वह थोड़ा-थोड़ा पैडल मारने में सफल हो गया।

"बस एक-दो दिन और, फिर साइकिल अपनी होगी!" छोटू ने उसे हौसला दिया।

बरामदे में बैठी ईवलिन मुस्कुरा रही थी। *"देखो, गिर-गिर के सीख रहा है,"* उसने गर्व से कहा।

"ज़िंदगी भी इसी तरह चलती है," जॉर्ज ने गहरी आवाज़ में कहा।

और सबने सहमति में सिर हिला दिया।

संघर्ष से सीखने की सीख

सुचित की आँखों में थकान थी, लेकिन एक संतोष भी था।

आज उसने कुछ नया सीखा था—गिरना, उठना और आगे बढ़ना।

उस दिन, मौसी के घर में सिर्फ खाना नहीं खाया गया, साइकिल नहीं सीखी गई—बल्कि एक ज़िंदगी का पाठ भी सीखा गया।

क्योंकि यही तो था उस परिवार का रिश्ता— प्यार, सीख, और अनगिनत यादों से भरा हुआ।

विजय का वह पल

दिन बीतते गए, और हर बार जब सुचित मौसी के घर जाता, तो साइकिल चलाने की उसकी कोशिशें और तेज़ हो जातीं।

फिर, एक शाम वह पल आ ही गया। ईवलिन बालकनी में बैठी थी जब उसे नीचे से एक उत्साहित आवाज़ सुनाई दी।

"मम्मी! नीचे देखो! मैं साइकिल चला रहा हूँ!"

वह झटपट रेलिंग की ओर भागी। नीचे मैदान में, सुचित बिना किसी सहारे के अपनी साइकिल चला रहा था—ना डर, ना घबराहट, बस संतुलन और आत्मविश्वास।

जॉर्ज ने मुस्कुराते हुए कहा, *"देखो ईवलीन, अपना बेटा अब बिना किसी मदद के*

साइकिल चला रहा है!"

ईवलिन का हृदय गर्व से भर गया। *"जो कल तक गिर-गिर कर सीख रहा था, आज अपने पैरों पर खड़ा है।"*

और तभी एक विचार उसके मन में कौंधा—एक दिन यही बेटा उसकी ताकत बनेगा।

वर्षों बाद, जब वह स्कूल में होगा और वह अपने अध्यापन के अंतिम वर्षों में होगी, तो यही बेटा उसे स्कूल छोड़ने और वापस लाने का ज़िम्मा उठाएगा।

जॉर्ज ने हल्के से उसका कंधा थपथपाया। *"हमने जो संस्कार दिए हैं, वो हमारे बच्चों में दिखते हैं। यही असली जीत है।"*

ईवलिन ने सहमति में सिर हिलाया, अपनी आँखों के सामने सुचित को ख़ुशी से साइकिल चलाते देखती रही।

जैसे-जैसे शाम ढलती गई, यह क्षण एक खूबसूरत याद में बदल गया— संघर्ष, सफलता, और माता-पिता होने की अनंत यात्रा की एक और कड़ी।

अटूट श्रद्धा: लेंट, गुड फ्राइडे और पुनरुत्थान रविवार की परंपराएँ

हर साल गुड फ्राइडे का आगमन ईवलिन के घर में एक विशेष श्रद्धा लेकर आता था।

उनकी आस्था हमेशा अडिग रही थी, और यह समय उनके लिए सिर्फ एक परंपरा नहीं, बल्कि आत्म-चिंतन और समर्पण के अनमोल क्षण होते थे।

लेंट का मौसम शुरू होते ही, ईवलिन पूरी निष्ठा से इसकी तैयारी में जुट जातीं।

घर में प्रार्थना सभाएँ आयोजित करना, चर्च जाने की योजना बनाना, और पूरे परिवार को इस पवित्र समय का महत्व समझाना—यह सब उनकी जिम्मेदारी थी।

"जॉर्ज, इस बार लेंट मीटिंग का दिन तय कर लो, ताकि पास्टर को जानकारी दे दो," वह उन्हें याद दिलातीं।

जॉर्ज, जो उनकी श्रद्धा से भली-भाँति परिचित थे, सिर हिलाते और बात

आगे बढ़ा देते। गुड फ्राइडे का दिन आते ही ईवलिन पूरी तरह से भक्तिभाव में लीन हो जातीं। यह दिन उनके लिए खास था।

तीन घंटे की लंबी उपासना – एक माँ का धैर्यपूर्ण मार्गदर्शन

गुड फ्राइडे की सुबह का अहसास हमेशा अलग होता।

दैनिक जीवन की हलचल शांति में बदल जाती, और पूरा माहौल भक्ति और स्मरण से भर जाता।

ईवलिन सुबह जल्दी उठतीं, अपने स्वच्छ सफ़ेद साड़ी में लिपटी हुई, जो यीशु मसीह के बलिदान का प्रतीक थी।

"सब तैयार हो जाओ, हमें 12 बजे से पहले चर्च पहुँचना है, नहीं तो जगह नहीं मिलेगी" वे परिवार को पुकारतीं, उनकी आवाज़ में एक सौम्य लेकिन दृढ़ आग्रह होता।

लेकिन युवा सुचित के लिए यह तीन घंटे की सेवा किसी कठिन परीक्षा से कम नहीं थी।

"मम्मी, इतना लंबी सर्विस? मैं कैसे बैठूँगा?" वह घर से निकलने से पहले ही बेचैनी से पूछता।

ईवलीन, हमेशा धैर्य से भरी, उसके सिर पर प्यार से हाथ फेरतीं।

"बेटा, यह सिर्फ एक दिन की बात है। जो यीशु मसीह ने हमारे लिए सहा, उसके आगे यह तो कुछ भी नहीं है।"

अनिच्छा से ही सही, वह उनके साथ चर्च जाता, लकड़ी की बेंचों पर बैठा बार-बार पहलू बदलता।

लेकिन ईवलीन? वह पूरी तरह से प्रार्थना में डूबी रहतीं।

जब गायक मंडली भजन गाने लगती, जब पास्टर मसीह के बलिदान की व्याख्या करते, तब उनकी आँखें श्रद्धा से बंद हो जातीं।

उनकी आस्था अडिग थी, उनका समर्पण अमिट।

लेकिन फिर वर्षों के साथ कुछ बदल गया।

जब सुचित बारह वर्ष का हुआ, तो उसे अपनी माँ के बार-बार कहने की ज़रूरत नहीं पड़ी।

धीरे-धीरे, वह भी इस दिन का अर्थ समझने लगा। अब वह अपनी माँ की श्रद्धा को देखकर, उसकी गहराई को महसूस कर सकता था।

यह अब सिर्फ एक लंबा उपासना सत्र नहीं था—यह एक आत्मिक यात्रा

थी, जिसे उसने अब अपनी माँ की आँखों से देखना शुरू कर दिया था।

पुनरुत्थान रविवार की शुभ प्रभात

गुड फ्राइडे की गंभीरता के विपरीत, पुनरुत्थान रविवार उत्साह, आनंद और विजय के गीतों से भरा दिन था।

इस दिन हर साल, ईवलिन ही सबसे पहले जागती। भोर होने से पहले, घर में एक हलचल सी मच जाती।

"जल्दी करो, सबको तैयार होना है! रिक्शा पकड़ना है, देर नहीं करनी!" वह पूरे घर में आवाज़ लगाती।

जॉर्ज, जो इस परंपरा को सालों से निभाते आ रहे थे, पहले ही रात में रिक्शे का इंतज़ाम कर चुके थे।

जैसे ही वे घर से बाहर निकले, शहर अब भी अंधकार में डूबा था, लेकिन हवा में एक अलग ही उमंग थी—एक पवित्र उत्सव की अनुभूति।

सभी का पहला ठिकाना – मामा का घर

हर साल की तरह, उनकी यात्रा की शुरुआत मामा के घर से होती।

ईवलिन के सभी भाई और उनका परिवार पहले से वहाँ इकट्ठा हो चुका होता।

उन सभी को एक साथ चर्च जाते हुए देखना उसके लिए हर साल का सबसे खास पल होता।

"देखो, हर साल की तरह, सब एक साथ जा रहे हैं," ईवलिन की आवाज़ में खुशी की चमक होती।

बच्चों को पहले से ही मोमबत्तियाँ और कार्डबोर्ड होल्डर थमाए जाते, ताकि वे सुरक्षित रूप से जुलूस में शामिल हो सकें।

"मोमबत्तियाँ ठीक से पकड़ना, मोम हाथ पर मत गिरने देना!" ईवलिन हर छोटी-छोटी बात का ध्यान रखती।

ईवलिन के छोटे भाई इस जुलूस में खंजड़ी बजाते और अपनी कर्कश आवाज़ में यह गाना –

"ओहो प्यारो मसीहा जीया चलो दर्शन को सखी... "

जब वे गाने गाते बजाते, मोमबत्तियाँ थामे हुए चर्च पहुँचे, तब तक सवेरा होने ही वाला था।

पूरे चर्च में प्रकाश की हल्की लहर थी—मोमबत्तियों की लौ झिलमिला

रही थी, और श्रद्धालु प्रभु यीशु के पुनरुत्थान के भजन गा रहे थे। ईवलिन भीड़ के बीच खड़ी थी, उसकी आँखों में भक्ति की आभा थी। उसकी आवाज़ में श्रद्धा की ताकत थी—हर शब्द, हर धुन उसके विश्वास का प्रमाण था।

एक स्वर्ण युग – जब परिवार, विश्वास और प्रेम एक थे

आज जब पीछे मुड़कर देखा जाए, तो वे दिन किसी स्वर्ण युग से कम नहीं थे। जब मामा और मामी जीवित थे, उनका घर पूरे परिवार के इकट्ठा होने का केंद्र था।

नोरा भाभी की बहन, जिसने एक समय ईवलिन को शिक्षक प्रशिक्षण दिलवाने और सरकारी नौकरी पाने में मदद की थी, वह भी अपने पति के साथ वहाँ मौजूद रहती।

पूरा मातृ पक्ष—मामा, मामी, चाचा, चाची, भाई-बहन और उनके परिवार— एक साथ, एक विश्वास में बंधे हुए।

ईवलिन के लिए, ये पल केवल त्यौहार नहीं थे—बल्कि एक विरासत थी, जिसे वह आने वाली पीढ़ियों तक पहुँचाना चाहती थी।

उसकी आस्था सिर्फ उसकी अपनी नहीं थी।

यह एक धरोहर थी, एक परंपरा थी, जिसे वह अपने बच्चों, पोते-पोतियों और पूरे परिवार के साथ बाँटना चाहती थी।

समय बीतता गया, चेहरे बदल गए, ज़िम्मेदारियाँ बढ़ गईं, और ज़िंदगी व्यस्त हो गई।

लेकिन उन सवेरे की मोमबत्तियों की हल्की रोशनी, वे दिल से निकली प्रार्थनाएँ, और पूरे परिवार का एक साथ होना— ये यादें सुचित के हृदय में हमेशा के लिए बस गईं।

यह सब ईवलिन की अटूट आस्था और उसके द्वारा बनाई गई आध्यात्मिक विरासत का प्रमाण था।

आज भी, जब गुड फ्राइडे आता है और पुनरुत्थान रविवार की सुबह होती है,

ईवलिन की प्रिय परंपराएँ जीवित रहती हैं—क्योंकि उसका विश्वास, उसका प्रेम और उसकी विरासत इतनी गहरी थी कि वे कभी मिट नहीं सकते।

8:

सुलह का उपहार – दिलों में शांति लाना

दोपहर का समय था। हल्की धूप आँगन में फैली हुई थी, और नीम के पत्तों की सरसराहट जैसे एक मधुर लोरी गा रही थी। ईवलिन बरामदे में बैठी, धीरे-धीरे चाय की चुस्कियाँ ले रही थी। यह दुर्लभ क्षण था—शांति का। लेकिन उसने जीवन से एक बात सीखी थी—शांति केवल मौन का नाम नहीं, बल्कि एक ऐसी चीज़ है जिसे संजोना पड़ता है, जिसे फिर से स्थापित करना पड़ता है।

तभी दरवाजे पर एक तेज़ दस्तक हुई, जैसे किसी की बेचैनी उस लकड़ी के दरवाजे पर उभर आई हो।

जब ईवलिन ने दरवाजा खोला, तो सामने एक महिला खड़ी थी—चेहरा आँसुओं से भीगा हुआ, और हाथ अपनी चुन्नी के किनारे को बार-बार मरोड़ते हुए।

उसकी साँसें तेज़ चल रही थीं, और आँखें किसी अदृश्य बचाव की तलाश में इधर-उधर भटक रही थीं।

"आंटी, मैं अब घर वापस नहीं जाऊँगी!"

महिला के मुँह से यह शब्द यूँ निकले जैसे वह बरसों से इन्हें कहने के लिए घुट रही हो।

ईवलिन ने ध्यान से उसके चेहरे को देखा। उसकी आँखों में केवल

दुख ही नहीं था—बल्कि थकान की एक गहरी छाप भी थी।

उसने महिला का हाथ थामा और धीरे से बरामदे में पड़ी कुर्सी की ओर ले गई।

"पहले पानी पी लो, फिर बैठकर बात करते हैं," उसने कोमल स्वर में कहा।

महिला ने झिझकते हुए गिलास थाम लिया और छोटे-छोटे घूँट लेने लगी। जैसे उसके भीतर एक तूफ़ान शांत होने की कोशिश कर रहा हो।

ईवलिन उसके पास बैठी और धीरे से, लेकिन दृढ़ता से बोली—

"क्या हुआ? बताओ, शायद हम मिलकर कोई हल निकाल सकें।"

महिला की आँखें भर आईं। उसका गला रुंध गया।

"मुझसे अब और सहा नहीं जाता, आंटी! रोज़-रोज़ के ताने, झगड़े... जैसे मैं वहाँ किसी के लिए मायने ही नहीं रखती!"

उसके शब्दों में न केवल पीड़ा थी, बल्कि एक गहरी निराशा भी।

ईवलिन ने उसे धैर्य से सुना, उसकी आँखों में झाँका, और उसकी तकलीफ को महसूस किया।

"देखो बेटी," उसने धीरे से महिला का हाथ थपथपाया, *"घर छोड़कर चले जाने से कभी कोई समस्या हल नहीं होती। कभी-कभी, सिर्फ एक बातचीत, एक कोशिश, बहुत कुछ बदल सकती है। तुम्हारा पति भी शायद परेशान होगा। चलो, मैं तुम्हारे साथ चलती हूँ।"*

महिला ने तुरंत सिर हिलाया, *"नहीं! वो कभी नहीं बदलेंगे!"*

ईवलिन मुस्कुराई। एक शांत, लेकिन गहरी दृढ़ता के साथ।

"जब तुमने शादी की थी, तब तुमने उस रिश्ते पर भरोसा किया था, है ना? क्या तुम एक मौका नहीं दोगी? सिर्फ एक बार, बैठकर बात करने का?"

महिला के चेहरे पर दुविधा की परछाईं उभर आई।

ईवलिन जानती थी कि उसके शब्दों ने कहीं न कहीं एक छोटी-सी उम्मीद जगा दी थी।

कुछ क्षणों के बाद, महिला ने धीरे से सिर हिलाया।

"अगर आप मेरे साथ चलेंगी, तो मैं भी चलूँगी..." उसने बमुश्किल फुसफुसाते हुए कहा।

ईवलिन मुस्कुराई और खड़ी हो गई।

"तो फिर चलो, देर मत करो," उसने स्नेह से कहा।

उस घर की ओर वापसी – रिश्तों की डोरी फिर से बाँधना

गली के रास्ते पर, सिर्फ कदमों की आहट थी।

महिला कभी-कभी अपने आँसू पोंछ लेती, लेकिन अब उसकी चाल पहले से ज्यादा स्थिर लग रही थी।

जब वे घर पहुँचे, तो ईवलिन ने धीरे से दरवाजे पर दस्तक दी।

कुछ क्षण बाद, दरवाजा खुला।

सामने **महिला का पति खड़ा था—**चेहरे पर तनाव की स्पष्ट लकीरें, आँखों में एक मौन प्रतिरोध।

लेकिन जैसे ही उसने ईवलिनको देखा, उसकी कठोर आँखों में हल्की नरमी आ गई।

"आंटी?" *"हाँ, मैं अंदर आ सकती हूँ?"* ईवलिन ने सहजता से पूछा।

पति कुछ क्षण चुप रहा, फिर धीरे से दरवाजा खोल दिया।

कमरे के भीतर, सब अस्त-व्यस्त था।

कोने में पड़ा अधूरा खाया गया खाना, बिखरी हुई चीज़ें, और एक अजीब-सा सन्नाटा।

ईवलिन ने कुर्सी की ओर इशारा किया—*"बैठो।"* पति संकोच में था, लेकिन धीरे से बैठ गया। उसने महिला की ओर देखा। *"तुम भी।"*

अब दोनों आमने-सामने बैठे थे—लेकिन एक-दूसरे से नजरें चुराते हुए। ईवलिन ने एक गहरी सांस ली।

"मैं यहाँ बस एक बात समझाने आई हूँ," उसने कहना शुरू किया। *"ज़िन्दगी बहुत छोटी है, और इसे बस झगड़ों में बिताना ठीक नहीं। तुम दोनों इस रिश्ते के बिना जीने के बारे में सोच रहे हो, पर सच यह है कि तुम दोनों एक-दूसरे के बिना अधूरे हो।"*

पति ने बेताबी से नजरें झुका लीं।

ईवलिन की आवाज़ अब थोड़ी कोमल हो गई थी—पर असरदार।

"पती-पत्नी का रिश्ता समझदारी का होता है, माफ करने का होता है। अगर तुम चाहो, तो आज से सबकुछ बदल सकता है।"

कमरे में कुछ पलों के लिए मौन छा गया। फिर, धीरे-धीरे, पति ने अपनी पत्नी का हाथ थाम लिया।

महिला पहले हिचकिचाई, फिर उसकी आँखों में देखा।

"मैं कोशिश करूँगा," पति की आवाज़ धीमी थी—पर सच्ची।

महिला की आँखों में आँसू आ गए। *"मैं भी,"* उसने धीरे से कहा।

ईवलिन ने संतोष की सांस ली। वह मुस्कुराई, और उठकर खड़ी हो गई। *"बस, यही सबसे ज़रूरी था,"* उसने कोमलता से कहा।

रिश्तों में प्रेम की लौ फिर से जल उठी थी।

ईवलिन ने एक और घर में सुलह की एक नन्ही-सी किरण रोशन कर दी थी। वह जानती थी—हर समस्या का हल 'छोड़ देना' नहीं होता, बल्कि 'थाम लेना' होता है।

क्योंकि सिर्फ एक उम्मीद ही रिश्तों को संजोकर रख सकती है।

उस शाम, जब ईवलिन अपने काम निपटा चुकी थी, जॉर्ज दफ़्तर से लौटे।

उन्होंने अपना बैग एक ओर रखा, हल्का-सा अंगड़ाई ली और ईवलिन के चेहरे पर एक संतोषजनक मुस्कान देखी।

"आज बड़ी सुकून में लग रही हो। क्या किया तुमने?" उन्होंने चुटकी ली। ईवलिन मुस्कुराई और उनके सामने चाय का प्याला रख दिया।

"बस, एक टूटते हुए रिश्ते को जोड़ दिया," उसने हल्की आवाज़ में कहा।

जॉर्ज ने भौंहें उठाईं।

"फिर से शांति मिशन पर निकल गई थी?" उन्होंने हँसते हुए पूछा।

ईवलिन भी हँस पड़ी।

"कोई तो है जो ये करे," उसने मज़ाकिया अंदाज़ में जवाब दिया।

जॉर्ज ने चाय की चुस्की ली और सिर हिलाया।

"तुम सच में अनोखी हो, ईवलीन। जो तुम कर सकती हो, वो हर कोई नहीं कर सकता," उन्होंने भावुक होकर कहा।

ईवलिन बस मुस्कुरा दी, क्योंकि वह जानती थी—दूसरों की ज़िंदगी में शांति और प्यार भरना सिर्फ़ उसका काम नहीं था, वह उसकी पहचान थी।

9:

एक माँ का अटूट प्रेम

समय धीरे-धीरे बीतता गया, लेकिन हर बीते वर्ष ने ईवलिन के जीवन की बुनियाद को और मजबूत कर दिया। वह एक पत्नी, एक माँ और एक शांति स्थापित करने वाली शक्ति बनकर जीवन की डोर को संतुलित रखती रही।

सुबह की हलचल हमेशा एक जैसी होती—रसोई में बरतन खटकने की आवाज़, नाश्ते की तैयारियाँ, बच्चों को स्कूल के लिए तैयार करना। जॉर्ज टेबल पर चाय का प्याला लिए बैठते, और ईवलिन पूरी सहजता से हर ज़िम्मेदारी निभाती जाती—जूते के फीते बाँधना, टिफिन तैयार करना, शीबा और रिंकू को नोटबुक ले जाना याद दिलाना।

इतनी सारी ज़िम्मेदारियों के बावजूद, उसने कभी थकान को खुद पर हावी नहीं होने दिया।

चाहे घर के काम सँभालने हों, परिवार के झगड़े सुलझाने हों, या यह सुनिश्चित करना हो कि उसके बच्चे अनुशासन और प्रेम में बड़े हों, उसने हर भूमिका को पूरी गरिमा और धैर्य के साथ निभाया।

पर इन सब के बीच एक चीज़ जो कभी नहीं बदली, वह थी उसका निस्वार्थ प्रेम—खासकर अपने सबसे छोटे बेटे सुचित के लिए।

सबसे छोटा, सबसे दुलारा

तीनों बच्चों में, सुचित का स्थान उसकी माँ के हृदय में अलग ही था।

शायद इसलिए कि वह सबसे छोटा था, या फिर इसलिए कि उसमें ईवलिन को अपने बचपन की मासूमियत दिखाई देती थी, क्यूंकि वो भी अपने पुरे परिवार में छोटी थी।

जब से उसने पहली बार उसे अपनी बाँहों में उठाया था, तभी से उसका हर लम्हा उसे संवारने और सँभालने में समर्पित हो गया।

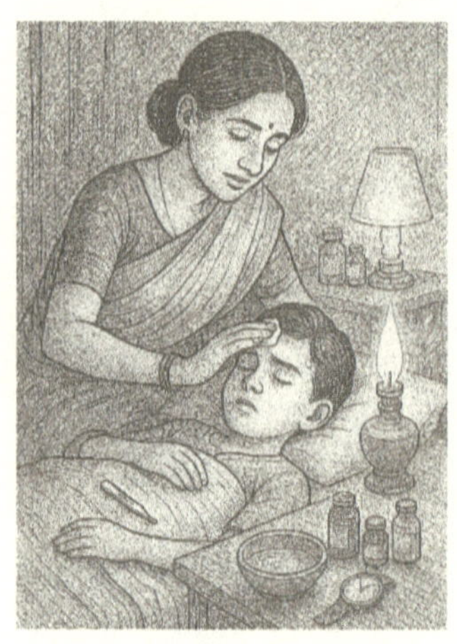

सुचित जब छोटा था, वह अक्सर बीमार पड़ता।

उसका छोटा सा शरीर बुखार से तपता रहता, और ईवलिन उसके सिर पर ठंडे पट्टी रखती, बीच-बीच में प्रार्थना के शब्द बुदबुदाती।

वह रातभर उसके सिरहाने बैठी रहती, तापमान कम हुआ या नहीं, यह देखने के लिए बार-बार थर्मामीटर लगाती, तकिया ठीक करती, सिर पर हाँथ फेरती, और हल्के सुर में लोरी गाती।

रात के अँधेरे में, जॉर्ज की आँख खुलती, वह ईवलिन की चिंता को देखता और उसे आराम करने के लिए कहता।

"ईवलिन, तुम भी सो जाओ। सुबह स्कूल भी जाना है।"

पर वह धीरे से सिर हिला देती।

"बस थोड़ी देर और... बुखार थोड़ा कम हो जाए, फिर सो जाऊँगी।"

पर वह सिर्फ दवाओं के भरोसे नहीं थी—वह विश्वास की शक्ति में यकीन रखती थी।

हर रात, वह अपने बेटे के सिर पर हाथ रखकर फुसफुसाती,

"यीशु, मेरे बच्चे को चंगाई देना।"

उसका स्वर विश्वास से भरा होता, एक ऐसा विश्वास, जिसने उसे हमेशा सहारा दिया था।

माँ होने के अनगिनत रूप

ईवलिन के लिए मातृत्व का अर्थ सिर्फ बच्चों को पालना नहीं था, बल्कि उनके भविष्य का निर्माण करना भी था।

एक शिक्षिका होने के नाते, वह जानती थी कि शिक्षा ही सबसे बड़ी पूँजी

है।

हर शाम, स्कूल से लौटकर, वह अपने बच्चों के साथ बैठती, उन्हें पढ़ने में मदद करती।

शीबा और रिंकू जल्दी समझ जातीं, लेकिन सुचित... वह एक सपनों की दुनिया में खोया रहता।

कभी खिड़की के बाहर उड़ते पक्षियों को देखता, तो कभी कागज़ पर कुछ नया बनाने लगता।

पर ईवलिन ने कभी उस पर गुस्सा नहीं किया।

वह उसे धीरे से वापस पढ़ाई की ओर मोड़ती, बिना किसी झुंझलाहट के, सीखने को एक अनुभव बना देती, न कि कोई बोझ।

उसका समर्पण किताबों तक सीमित नहीं था।

उसने अपने बच्चों को अनुशासन, दया, और आस्था के महत्व को भी सिखाया।

हर भोजन से पहले प्रार्थना अनिवार्य थी, हर रात सोने से पहले परमेश्वर का धन्यवाद देना जरूरी था।

एक रात, डिनर के बाद जॉर्ज ने उसकी ओर देखा और कहा,

"तुम सिर्फ एक माँ नहीं हो, ईवलिन। तुम एक मिसाल हो।"

ईवलिन हल्के से मुस्कुराई, कपड़े तह करते हुए।

"बस जो सीखा है, वही आगे बढ़ा रही हूँ।"

और यही सच था।

उसके माता-पिता ने जो मूल्य उसे सिखाए थे, जो संघर्ष और आस्था के सबक उसने खुद सीखे थे, वही सब अब वह अपने बच्चों में ढाल रही थी।

समय बीतता गया...

शीबा बड़ी हो गई, माँ का हाथ घर के कामों में बँटाने लगी।

रिंकू में भी वैसा ही धैर्य था, लेकिन चंचल भी थी।

और सुचित...?

वह अब भी वही मासूम, शरारती बच्चा था, जो हर चीज़ को अपनी उत्सुक नजरों से देखता और परखता।

पर फिर भी, एक चीज़ कभी नहीं बदली।

ईवलिन का प्रेम।

निर्विवाद। अटूट। **टाइमलेस।**

लेकिन, जीवन की राह सिर्फ खुशियों से नहीं बनी होती।

अब समय आ रहा था उन परीक्षाओं का, जो ईवलिन के जीवन को हमेशा के लिए परिभाषित करेंगी...

सर्दियों की एक घटना – हँसी और प्यार में छिपे सबक

ठंडी सर्दी ने शहर को अपने आगोश में ले लिया था। हल्की धुंध के बीच सूरज की फीकी किरणें लंबी परछाइयाँ बिखेर रही थीं। जॉर्ज के चाचा घर के बाहर सड़क के किनारे पर, नन्हे सुचित के साथ धूप सेंकते हुए आराम से बैठे थे। सुचित की मासूम आँखों में उत्सुकता की चमक थी, और चेहरे पर चंचल मुस्कान।

जॉर्ज के चाचा ने अपनी दयालु आँखों से उस पर नज़र बनाए रखी। "सुचित, इधर मत दौड़, संभल के!" उन्होंने थोड़ा दूर से पुकारा।

लेकिन बचपन की मासूम उत्सुकता कब रुकती है? सुचित सड़क के किनारे से आगे कुछ नया तलाशने की चाह में तेज़ी से दौड़ पड़ा।

अगले ही पल...

सड़क के किनारे से गुजरता एक रिक्शा—जिसका पहिया सर्दी की धूप में हल्का चमक रहा था—उसके बाएँ पैर से टकरा गया। एक तेज़ चीख ने शांत माहौल को चीर दिया।

घबराहट का क्षण

घर में, जॉर्ज और ईवलिन अपने रोज़मर्रा के कामों में व्यस्त थे, जब अचानक पड़ोसियों की घबराई हुई आवाज़ें उनके कानों तक पहुँचीं।

ईवलिन का दिल धक से रह गया। उन्होंने खिड़की से झाँका और दौड़ते हुए लोगों की भीड़ देखी।

भागे। रास्ते में हर सेकंड उन्हें एक युग जैसा लग रहा था।

अस्पताल में चिंता

अस्पताल पहुँचते ही डॉक्टर ने सुचित की जल्दी से जाँच शुरू की। उन्होंने सावधानी से उसके पैर का मुआयना किया और फिर एक प्लास्टर लगाया ताकि पैर की हड्डी स्थिर रहे और ठीक हो सके।

जैसे ही डॉक्टर ने काम खत्म किया, सुचित ने अपनी मासूम आँखों से डॉक्टर की ओर देखा और शरारती मुस्कान के साथ बोला:

"आपने मेरी पैंट खराब कर दी!"

उस मासूम टिप्पणी ने कमरे में हल्की हँसी बिखेर दी। वहाँ मौजूद लोग क्षण भर के लिए चिंता भूल गए।

यहाँ तक कि जॉर्ज के चेहरे पर भी हल्की मुस्कान आ गई।

अगले कुछ दिनों में, जैसे-जैसे सुचित ठीक हो रहा था, जॉर्ज के चाचा उसे छोटे-छोटे सिक्के देते रहते थे !

हर बार, जब भी चाचा बाहर जाते, चाचा उसे कुछ सिक्के थमा देते।

सुचित, अपनी बालसुलभ चंचलता में, उन सिक्कों को अपने प्लास्टर में बड़े जतन से छिपा लेता, जैसे वह कोई गुप्त खजाना जमा कर रहा हो।

आखिरकार, जिस दिन प्लास्टर हटाया गया, सभी को हैरान कर देने वाली घटना हुई। जैसे ही प्लास्टर हटा, उसके अंदर से एक छोटे-छोटे सिक्कों का ढेर ज़मीन पर गिर पड़ा। सिक्कों की खनक ने पूरे कमरे में

हँसी और खुशी फैला दी।

"लगता है सुचित ने अपना खजाना छिपा रखा था!" एक चचेरे भाई ने चुटकी ली।

जॉर्ज के चाचा जोर से हँसे और सुचित के सिर पर प्यार से थपकी दी।

"तू तो बड़ा चालाक निकला!"

इस पूरे समय, ईवलिन की चिंता और करुणा उनके चेहरे पर साफ झलक रही थी।

रात में, जब बाकी लोग सो जाते, ईवलिन चुपचाप अपने बेटे के लिए प्रार्थना करतीं— उसकी तेज़ रिकवरी के लिए और खुद को माँ के इस सफर में मजबूत बनाए रखने के लिए।

जॉर्ज और ईवलिन ने माता-पिता की भूमिका को अद्भुत संतुलन के साथ निभाया।

जहाँ ईवलिन के नरम हाथ सुचित का दर्द दूर करते, वहीं जॉर्ज के आश्वासन भरे शब्द इस मुश्किल घड़ी में परिवार को थामे रहते।

उन्होंने मिलकर सीखा कि ज़िंदगी, अपनी सारी चुनौतियों के साथ, प्यार, हँसी, और लचीलापन लेकर चलने से आसान बन जाती है।

माँ का किचन – खुशबू और यादों का संसार

रसोई से आती तेल में तले मसालों की गंध ने पूरे घर को अपने सुकून भरे आलिंगन में ले लिया।

ईवलिन चूल्हे के पास खड़ी थीं, उनकी साड़ी का पल्लू कमर में बँधा हुआ था। वह एक बड़े पीतल के बर्तन में खीर को धीरे-धीरे हिला रही थीं। उसमें से केसर और इलायची की भीनी खुशबू पूरे घर में फैल गई थी।

आँगन से, शीबा, रिंकू, और सुचित उत्सुकता भरी आँखों से रसोई में झाँक रहे थे।

शीबा ने मस्ती भरे अंदाज़ में दरवाजे की चौखट से टिकते हुए पूछा:

"मम्मी, आज स्पेशल क्या बना है? मुझे तो लग रहा है कुछ मीठा है!"

रिंकू, अपने पैर के पंजों पर खड़ी होकर, बर्तन में झाँकने की कोशिश करते हुए मुस्कुराई।

"मम्मी, ज़र्दा भी बना है ना? मुझे सबसे पहले मिलेगा!"

सुचित, सबसे छोटा, अचानक नाटकीय अंदाज़ में गहरी साँस लेकर बोला: *"मुझे तो लगता है, सिर्फ खुशबू से ही पेट भर सकता हूँ!"*

उसकी बात सुनकर रिंकू हँसी में लोटपोट हो गई। ईवलिन ने हँसते हुए सिर हिलाया। *"तुम लोग सिर्फ देखोगे या मेरी मदद भी करोगे?"* उन्होंने चुटकी ली।

शीबा मुस्कुराई। *"थोड़ा टेस्ट तो allowed होना चाहिए!"*

ईवलिन ने प्यार से उसकी नाक पर चम्मच से हल्का सा थपका।

"टेस्ट तभी मिलेगा जब सब टेबल पर बैठ जाएँ!"

तीनों बच्चे तेज़ी से दौड़कर लिविंग रूम की ओर भागे। उनकी हँसी पूरे घर में गूँज उठी।

प्रेम के स्वाद – सिर्फ भोजन नहीं, एहसास की दावत

ईवलिन के लिए खाना पकाना सिर्फ पेट भरने का जरिया नहीं था—यह उनके प्यार की भाषा थी, अपने परिवार के लिए उनकी देखभाल और स्नेह का अनोखा तरीका। चाहे रोज़मर्रा के खाने की बात हो या किसी खास अवसर की दावत, हर पकवान में उनका दिल झलकता था।

हर महीने की **18** तारीख को, जॉर्ज लखनऊ की मशहूर मिठाई कुञ्ज बिहारी की दुकान से एक ख़ास पैकेट लेकर घर आते। भूरे कागज की थैली से समोसों, मिठाई, चॉकलेट और दालमोठ की महक घर के

दरवाजे से ही बच्चों को ललचाने लगती।

जैसे ही जॉर्ज अपनी साइकिल रखते और अंदर आते, बच्चे दौड़कर उनके पास पहुंच जाते।
"पापा, क्या लाए हैं?" रिंकू उत्साहित होकर पूछती, बैग के अंदर झांकने की कोशिश करते हुए।

जॉर्ज हंसते हुए बैग को हल्के से उसकी पहुंच से ऊपर उठा देते। *"पहले मम्मी को देखने दो, फिर सबको मिलेगा,"* वे मुस्कराते हुए कहते।

ईवलिन जानकर मुस्करातीं और चूल्हे की ओर मुड़ जातीं। *"चलो, पहले चाय बना लेते हैं, फिर सब मिलकर बैठकर खाएंगे,"* उन्होंने मुस्कराते हुए कहा।

जॉर्ज ने बैग को सेंटर टेबल पर रखा, और बच्चे उसके चारों तरफ मंडराने लगे, उनकी आंखों में चमक और उत्सुकता थी।

इस बीच, ईवलिन ने गर्म चाय टेबल पर रखी और सबको पास बुलाया। *"सबसे पहले एक छोटी सी प्रार्थना करेंगे,"* उन्होंने हाथ जोड़ते हुए कहा।

परिवार ने आंखें बंद कीं, और ईवलिन ने हल्की आवाज़ में परमेश्वर का धन्यवाद किया, उनकी आशीषों के लिए। प्रार्थना खत्म होते ही उन्होंने मुस्कराते हुए सिर हिलाया।
"अब सब खा सकते हैं!"

हँसी-मजाक और बातों के बीच समोसे, मीठी दालमोठ, और ईवलिन द्वारा बनाई गई गर्म खीर का आनंद लिया गया।

यह भोजन सिर्फ पेट भरने का साधन नहीं था—यह प्रेम, साथ, और छोटे-छोटे खुशियों की याद दिलाने वाला एक एहसास था।

एक यादगार सफर – माँ और बेटे की जिंदगी का कठिन लेकिन सुनहरा वक्त

90 के दशक की शुरुआत थी। न ATM था, न फोन पेमेंट — सब कुछ मैन्युअल। महीने की पहली तारीख को बैंक में भीड़ लग जाती। लंबी लाइनें, टोकन लेकर घंटों इंतजार।

इस बार भी ईवलिन को अपनी सैलरी निकालनी थी। वो अकेले नहीं जातीं — बेटे सुचित को साथ ले जातीं। सफर में माँ के साथ चलना, उसके लिए एक पाठशाला जैसा होता।

सुबह जल्दी निकलना पड़ा। बस में भीड़ थी, लेकिन माँ-बेटे साथ बैठे। खिड़की से झांकते हुए सुचित ने पूछा, *"मम्मी, हम बैंक इतनी दूर क्यों जाते हैं?"*

ईवलिन मुस्कुराईं, बाल सहलाते हुए बोलीं, *"बेटा, सरकारी खाता है, इसलिए वहीं जाना पड़ता है। मेहनत से ही मेहनत की कमाई मिलती है।"*

बस स्टॉप से आगे का सफर सैनिक स्कूल बस स्टॉप पर उतरने के बाद उन्हें लगभग एक किलोमीटर पैदल चलना था। सूरज अब सिर पर चढ़ने लगा था, और हल्की गर्मी महसूस होने लगी थी। चलते-चलते सुचित ने थकावट महसूस की और धीरे-से बोला,

"मम्मी, मुझे बहुत थकान हो रही है।"

ईवलिन ने बैग से टॉफियाँ और समोसा निकाला। "लो बेटा, खा लो। बस थोड़ा और चलना है।" "आप हमेशा समोसा क्यों लाती हैं?" "क्योंकि मुझे पता है, ये तुम्हारा मूड ठीक कर देता है," ईवलिन ने हँसते हुए कहा।

बैंक पहुँचे, तो वहाँ लंबी लाइन थी। टोकन लेकर इंतजार करना पड़ा।

"इतना टाइम क्यों लग रहा है? हमारे पैसे इतने अंदर छुपे हैं?"
ईवलिन हँस पड़ीं, *"नहीं बेटा, पैसे नहीं छुपे — बस सबकी बारी आती है। धैर्य रखो।"*

घंटों बाद पैसे निकले। थकावट थी, लेकिन चेहरों पर संतोष था। बस में लौटते हुए सुचित बोला, *"आज का दिन लंबा था। तब की जिंदगी कितनी कठिन, है न?"* ईवलिन ने मुस्कुरा कर कहा, *"हाँ बेटा, पर उसी में सादगी और सुख था। संघर्ष ही असली आनंद देता है।"* खिड़की से बाहर देखते हुए सुचित सोच में डूब गया। उसने मन में ठान लिया — अब कभी हार नहीं मानेगा। माँ की तरह डटकर जिएगा।

यादों में बसा स्वाद – 1990 के दशक का हज़रतगंज

हर बार जब ईवलिन को वेतन मिलता, तो वह परिवार के लिए कुछ खास योजना बनातीं। यह छोटे-छोटे जश्न सिर्फ खाने के लिए नहीं, बल्कि यादें बनाने के लिए होते थे।

ऐसे ही एक दिन जॉर्ज ने घर में घोषणा की, *"आज हम डोसा खाने जा रहे हैं!"* बस फिर क्या था—एक जोरदार उत्साह का सैलाब फूट पड़ा। शीबा, रिंकू और सुचित खुशी से उछल पड़े, पहले ही अपने मन में गर्मागर्म डोसा और सांभर की कल्पना करने लगे। 90 के दशक में हज़रतगंज की गलियों का एक अलग ही आकर्षण था। चौड़ी सड़कें,

ब्रिटिश काल के भवन, और सड़क किनारे सजी दुकानें—हर कोने से आती साइकिल रिक्शा की घंटियों की टुनटुन और स्ट्रीट फूड की लुभावनी महक। यह लखनऊ का दिल था, जहाँ आधुनिकता और परंपराएं खूबसूरती से एक साथ चलती थीं।

ईवलिन को हज़रतगंज जाना बहुत पसंद था, खासकर तब, जब कोई खास मौका हो और परिवार वहाँ की मशहूर खाने की दुकानों और चहल-पहल भरे बाजारों में घूमने जाए। दक्षिण भारतीय रेस्टोरेंट के अंदर प्रवेश करते ही करी पत्तों और मसालों की महक हवा में घुल जाती।

बच्चे कांच के काउंटर पर अपनी नाक सटाकर देखते, जहाँ रसोइया बड़े तवे पर डोसा पलटते हुए दिखाई देता।

जैसे ही परिवार एक छोटी लकड़ी की टेबल पर बैठा, ईवलिन ने प्यार से डोसे के टुकड़े तोड़कर नारियल की चटनी में डुबोए और बच्चों की प्लेट में रख दिए।

"ज़्यादा तीखा तो नहीं लग रहा?" उन्होंने धीरे से पूछा।

"नहीं मम्मी, बहुत मज़ा आ रहा है!" रिंकू ने मुस्कराते हुए कहा और एक और कौर मुँह में भर लिया।

सुचित ने अपना मुँह भरा हुआ था और उत्साह से सिर हिलाते हुए कहा, *"और एक मसाला डोसा मिलेगा क्या?"* उसने जॉर्ज की ओर उम्मीद भरी नज़रों से देखा।

जॉर्ज हँस पड़े। शीबा, जो सबसे बड़ी थी, अपने छोटे भाई-बहनों को खुश देखकर मुस्कराई। *"मम्मी, कभी घर पर भी डोसा बनाएंगे ना?"*

ईवलिन ने उसके हाथ पर प्यार से थपकी दी। *"जब तुम कहो, बेटा। तुम लोग जो भी पसंद करते हो, वो मम्मी के हाथ से बना मिलेगा।"*

और इस तरह, वे सब अपने भोजन का आनंद लेते रहे—सिर्फ खाने का नहीं, बल्कि साथ होने का सुख।

उस रात का हर कौर सिर्फ स्वाद नहीं था—वह यादों का एक स्वाद था।

उस हँसी-ठिठोली, उन छोटी-छोटी बातों, और उस अदृश्य धागे का

स्वाद था, जो इस परिवार को एक-दूसरे से जोड़े रखता था।

गड़बड़ झाला, अमीनाबाद – 1990 के दशक के लखनऊ की यादों में एक सफर

अमीनाबाद की गड़बड़ झाला की पतली गलियाँ हमेशा की तरह जीवन से सराबोर थीं, मानो वक़्त का उन पर कोई असर ही न पड़ा हो।

90 के दशक का लखनऊ कुछ और ही था—सस्ता, सरल और बिना मिलावट वाली एक खास ऊर्जा से भरा हुआ। उस दौर में महंगाई आज जैसी नहीं थी। एक मामूली बजट में भी पूरा शॉपिंग बैग भर जाया करता था, और कोई चिंता नहीं होती थी।

ईवलिन ने अपनी साड़ी का पल्लू सँभाला और छोटे से गड्ढे पर ध्यान से कदम रखते हुए रिंकू का हाथ थामे आगे बढ़ीं। बाज़ार में ताज़े समोसे, भुनी मूँगफली और स्ट्रीट वेंडर्स के अचार की तीखी खुशबू हवा में तैर रही थी।

आगे-आगे जॉर्ज चल रहे थे, परिवार को उनकी पसंदीदा जगह की तरफ ले जाते हुए—एक पुरानी दुकान, जो कपड़े की एक दुकान और पान के ठेले के बीच छुपी हुई थी।

शीबा ने मुस्कुराते हुए चुटकी ली,
"पापा का टिक्की चाट प्वाइंट आ गया!"

रिंकू ने नाक सिकोड़ते हुए कहा, *"फिर से वही चाट? मुझे तो समोसा चाहिए!"*

जॉर्ज ने उनकी शिकायतों की अनदेखी करते हुए हँसकर जवाब दिया, *"अरे, यहाँ की टिक्की नहीं खाई तो यहाँ आने का क्या फायदा?"*

चाट वाले ने, जो जॉर्ज को अच्छी तरह पहचानता था, तुरंत मुस्कुराकर उनका स्वागत किया।
"साहब, आज फिर वही गरमा-गरम टिक्की?"

जॉर्ज ने उत्साह से हाथ रगड़ते हुए कहा, *"बिलकुल भाईया! तीन पत्ते बना दो!"*

जैसे ही वे इंतजार करने लगे, ईवलिन की नज़र हमेशा की तरह सतर्क हो गई। उनका ध्यान बार-बार सुचित पर जाता, जिसे नई चीजों की तरफ भटकने की आदत थी। और, जैसा कि उन्हें अंदेशा था, सुचित का ध्यान पहले ही कहीं और खिसक चुका था।

अमीनाबाद के बाजार में खिलौने की दुकान और सुचित का ड्रामा

अचानक, सुचित रुक गया। उसकी नजर किसी खास चीज़ पर टिक गई थी—एक खिलौने की दुकान।

दुकान की खिड़की में एक चमकदार लाल खिलौने की कार रखी थी, जो बाजार की रोशनी में जगमगा रही थी। सुचित का दिल जोरों से धड़कने लगा।

"मम्मी, मुझे वो टॉय चाहिए!" सुचित ने अचानक ईवलिन की साड़ी खींची, मानो उसकी दुनिया उसी खिलौने पर टिकी हो। ईवलिन ने गहरी सांस ली।

उन्हें पहले से ही पता था कि आगे क्या होने वाला है। *"बेटा, पहले ज़रूरी सामान ले लें, फिर देखते हैं,"* उन्होंने प्यार से समझाने की कोशिश की।

लेकिन सुचित को समझ में नहीं आया। उसकी आंखें बार-बार माँ और खिलौने के बीच दौड़ रही थीं, और उसकी बेचैनी बढ़ती जा रही थी।

उसने उम्मीद भरी नजरों से जॉर्ज की ओर देखा।
"पापा, मुझे ये वाला टॉय चाहिए!" उसकी आवाज़ में अब थोड़ी

नाटकीयता भी थी।

जब उसकी फरियाद का तुरंत कोई जवाब नहीं मिला, तो उसने कुछ ऐसा कर दिया, जिसकी किसी को उम्मीद नहीं थी—वह सीधा सड़क

पर लेट गया। अमीनाबाद की भीड़-भरी सड़क के बीचों-बीच।

"मुझे टॉय चाहियेईईईई!" उसने चिल्लाते हुए कहा।

रिंकू ने हैरानी से मुँह खोला।
"मम्मी, देखो न, भैया रोड पे लेट गया!"

शीबा ने हँसी रोकने की कोशिश करते हुए फुसफुसाया,

"बस, अब फिल्म शुरू हो गई!"

राहगीर ठहरकर इस तमाशे को देखने लगे। लोग मुस्कुरा रहे थे— लखनऊ के इस भीड़-भरे बाज़ार में एक छोटा सा लड़का खिलौने के लिए ज़िद करते हुए सड़क पर ड्रामा कर रहा था।

जॉर्ज ने गहरी साँस ली। *"बेटा, उठ जाओ! ये क्या तमाशा लगा रखा है?"* ईवलिन ने माथे पर उँगलियाँ दबाईं, हँसी रोकते हुए कहा,
"सुचित, अगर टॉय लेना है तो उठकर बात करो, सड़क पर लेटने से कुछ नहीं मिलेगा।"

सुचित ने आधी खुली आँखों से माँ की ओर झाँका।
"उठूँगा तभी, जब टॉय मिलेगा!"

जॉर्ज ने ईवलिन की ओर देखा। दोनों ने एक-दूसरे को समझदारी भरी नजरों से देखा।

आखिरकार, ईवलिन ने एक हल्की मुस्कान के साथ कहा, *"चलो, देखते हैं तुम्हारे लिए कौन-सा टॉय बेस्ट होगा।"*

और जैसे जादू हो गया हो, सुचित का सारा ड्रामा खत्म हो गया। वह फौरन उठ खड़ा हुआ, अपने शॉर्ट्स झाड़े, और ऐसे मुस्कुराया जैसे कुछ हुआ ही न हो।

"मम्मी, जल्दी चलिए!" उसने उत्साह से उनका हाथ खींचते हुए कहा।

शीबा ने रिंकू की ओर देखकर मुस्कुराते हुए कहा, *"क्या एक्टिंग करता है ना ये?"*

रिंकू ने हाथ मोड़ते हुए जवाब दिया, *"हाँ, लेकिन सबसे ज्यादा परेशान तो मुझे ही करता है!"*

दोनों बहनें हँसते हुए अपने विजयी भाई के पीछे-पीछे खिलौने की दुकान में चली गईं।

घर पहुँचते ही सुचित दौड़ता हुआ अंदर चला गया, जैसे ही शॉपिंग बैग मेज पर रखे गए, उसने फौरन अपने नए खिलौने की पैकिंग फाड़नी शुरू कर दी।

कुछ ही मिनटों में, वह छोटे-छोटे स्क्रू को खोलने और कार की बॉडी को अलग करने में लग गया। उसकी आँखें कौतूहल से चमक रही थीं, मानो वह इस छोटी सी कार के भीतर छिपे रहस्यों को जानने की कोशिश कर रहा हो।

ईवलिन ने पलटकर देखा। सुचित अब भी अपनी दुनिया में खोया हुआ, कार के छोटे गियर और पार्ट्स को अलग करने में मग्न था। उसके चेहरे पर जिज्ञासा और तसल्ली का मेल था।

शीबा ने आँखें घुमाईं और सिर हिलाते हुए कहा, *"ये भैया भी ना... हर खिलौने का ऑपरेशन करना ज़रूरी समझता है!"*

सुचित ने बहनों की शिकायतों पर ध्यान नहीं दिया। वह अपनी छोटी-सी खोज में इतना खो चुका था कि उसे कोई और चीज़ दिखाई ही नहीं दे रही थी।

ईवलिन अपने बच्चों को देखकर मुस्कुराई। उसकी नज़र सुचित पर

थी—उसका छोटा जिज्ञासु बेटा, जो हमेशा सतह के नीचे छिपी चीज़ों को जानने में दिलचस्पी रखता था।

"पहले तो खिलौना लेने के लिए बेताब हो जाता है, फिर उसे खोलने में ही मज़ा आता है," उसने हल्के से बड़बड़ाया और अपने बेटे को देख मुस्कुराते हुए सिर हिला दिया।

उसे खुश होने के लिए किसी बड़े पल की ज़रूरत नहीं थी। ये छोटे-छोटे झगड़े, शरारतें, और बच्चों की आवाज़ें ही उसकी माँ की दुनिया को जिंदा रखती थीं।

और इस तरह, ये छोटी-सी हलचल धीरे-धीरे रोजमर्रा की ज़िंदगी की लय में समा गई।

ईवलिन – एक माँ की ढाल

जॉर्ज के परिवार में अनुशासन बहुत महत्वपूर्ण था। पढ़ाई और व्यवहार को लेकर कड़े नियम थे।

जॉर्ज, जो मजबूत सिद्धांतों वाले व्यक्ति थे, मानते थे कि बच्चों में ज़िम्मेदारी और अनुशासन पैदा करने के लिए कभी-कभी कड़ाई भी ज़रूरी होती है। लेकिन कभी-कभी उनकी कड़ाई में एक थपकी या कान खींचने वाली सख़्ती भी शामिल हो जाती थी।

एक शाम का माहौल कुछ ज्यादा ही गंभीर था।

जॉर्ज ऑफिस से लौटे थे, और उनका चेहरा थकान और हल्की झुंझलाहट से भरा था। उन्होंने बैग कुर्सी पर रखा और देखा कि बच्चे पढ़ाई करने की बजाय खेल में लगे हुए हैं।

"पढ़ाई का वक्त हो गया है और तुम लोग अब तक खेल रहे हो?" उनकी आवाज़ सख्त हो गई।

शीबा और रिंकू ने फौरन किताबें उठा लीं, लेकिन सुचित, जो सबसे छोटा था, थोड़ा ठिठक गया। *बस एक मिनट और, पापा!* उसने मासूमियत से कहा।

लेकिन जॉर्ज का सब्र उस दिन कुछ कमजोर था। वह गुस्से में आगे बढ़े और अपना हाथ उठाया ताकि सुचित को अनुशासन का पाठ पढ़ा सकें। लेकिन उनका हाथ नीचे गिरने से पहले ही, ईवलिन उनके और बेटे के

बीच खड़ी हो गई।

"सुनिए, बस करिये! हाथ मत उठाइये!" उसने मजबूती से कहा।

जॉर्ज ने गहरी सांस ली और झुंझलाते हुए बोले, *"ये बच्चे बिगड़ जाएंगे अगर तुम हमेशा इनके पक्ष में खड़ी रहोगी, ईवलिन!"*

ईवलिन ने शांत लेकिन दृढ़ स्वर में जवाब दिया।

"अनुशासन ज़रूरी है, लेकिन मार से नहीं, समझाने से। अगर तुम सिर्फ डांट कर बात समझाओगे, तो ये और अच्छे से समझेंगे।"

जॉर्ज ने गहरी सांस ली, माथे पर हाथ रखा, और अपनी झुंझलाहट को शांत किया।

उसने बच्चों की ओर देखा। ईवलिन ने नज़र घुमाई और अपने बच्चों से कहा, *"तुम्हें भी समझना चाहिए। पापा तुम्हारे भले के लिए ही कहते हैं।"*

शीबा, रिंकू, और सुचित ने चुपचाप सिर हिला दिया, यह महसूस करते हुए कि एक बार फिर उनकी माँ ने उन्हें पापा के गुस्से से बचा लिया है।

एक बच्चे की मासूमियत – माँ की गोद में सुकून

लेकिन सुचित अभी भी सहमा हुआ था। उसकी आँखों में आँसू थे, और उसका नन्हा चेहरा गुस्से और निराशा से भरा था।

अचानक, उसकी छोटी सी आवाज़ गुस्से में फूट पड़ी, *"मैं पापा का घर पानी में बहा दूँगा!"*

शीबा और रिंकू ने अपनी हँसी दबा ली और चुपके से एक-दूसरे को देखा, लेकिन ईवलिन तुरंत झुक गई। उसने प्यार से सुचित का गाल छुआ और उसे अपनी गोद में खींच लिया।

"ऐसा नहीं बोलते, बेटा," उसने धीरे से कहा और उसके सिर पर एक प्यार भरा चुंबन दिया।

सुचित ने सुबकते हुए अपने छोटे हाथों को मुट्ठी में कस लिया।

"वो हमेशा मुझे डांटते हैं!" उसने रूआँसे स्वर में कहा।

ईवलिन ने उसके माथे पर फिर से प्यार से हाथ फेरा और उसके आँसू पोंछते हुए बोली, *"पापा तुमसे बहुत प्यार करते हैं। बस कभी-कभी*

उनका तरीका थोड़ा सख्त हो जाता है। लेकिन वो सिर्फ ये चाहते हैं कि तुम अच्छे और समझदार बनो।"

"मुझे पापा से बात नहीं करनी," उसने धीमे स्वर में कहा।

ईवलिन मुस्कुराई और उसे धीरे-धीरे थपथपाने लगी। "अच्छा ठीक है," उसने हँसते हुए कहा। "लेकिन जब उनका गुस्सा ठंडा हो जाएगा, तो उनसे बात कर लेना। पापा का भी दिन कभी-कभी मुश्किल होता है।"

"हाँ हाँ, कल सुबह देखेंगे कौन पहले पापा के पास जाकर उनके पास प्यार से बैठता है!"

सुचित ने फिर से भौंहें चढ़ाईं, लेकिन उसके दिल में अब थोड़ा हल्कापन था। उसे पता था कि कोई भी बात हो, उसकी माँ हमेशा उसकी ढाल बनेगी—दुनिया से भी और पापा के गुस्से से भी।

10:

ईवलिन की क्रिसमस परंपराएँ

दिसंबर की सर्द हवाओं ने लखनऊ की गलियों को धुंध की हल्की चादर में ढक दिया था। उत्तर भारत की सर्दियों की अपनी अलग ही खूबसूरती थी—ठंडी हवाएँ, सड़क किनारे मूँगफली भूनने वालों की सुगंध, और कोहरे को चीरती हुई पीली स्ट्रीट लाइट्स की नरम रोशनी। लेकिन ईवलिन के घर के भीतर हमेशा कुछ अलग ही गर्माहट होती थी—उनके प्रेम की, परिवार की, और क्रिसमस के त्योहार की।

क्रिसमस ईवलिन के लिए सिर्फ एक पर्व नहीं था; यह एक भावना थी, एक परंपरा थी, और उनके परिवार की आत्मा का एक अहम हिस्सा। उत्साह और तैयारियाँ दो दिन पहले से ही शुरू हो जाती थीं, जब वे देर रात तक नमकीन और पकवान बनाने में जुट जातीं। रसोई उनका साम्राज्य बन जाती—मैदे से सने किचन काउंटर, सुनहरे तले के लिए तैयार स्नैक्स की ट्रे, और मसालों की महक से भरा माहौल।

उनकी बेटियाँ शीबा और रिंकू स्कूल के दिनों में अक्सर उनकी मदद करतीं—कभी मठरी बेलतीं, तो कभी मिठाइयों को आकार देतीं, और ईवलिन बड़ी तल्लीनता से उन्हें सुनहरी परत में तलतीं। दूसरी ओर, जॉर्ज के हिस्से में केक के लिए सामान लाने का काम होता। यह एक पारिवारिक परंपरा थी—सभी मिलकर मेवे काटते, सूखे फल मिलाते, और तैयार कर के रख देते। अगली सुबह वे तैयार मिश्रण को स्थानीय बेकरी में ले जाते, जहाँ पुराने मिट्टी के भट्टे में वह केक बेक किया जाता।

सांता क्लॉज का जादू – बच्चों के लिए यादगार बचपन

ईवलिन के लिए क्रिसमस का असली जादू बचपन की मासूमियत को जीवित रखना था।

क्रिसमस ईव की रात को, जब बच्चे बिस्तर में लेटते, तो वे उन्हें हल्की आवाज़ में कहानियाँ सुनातीं।

"सो जाओ, बेटा... अगर सांता ने देखा कि तुम जाग रहे हो, तो गिफ्ट्स नहीं मिलेंगे!"

उन मासूम बच्चों के लिए यह शब्द एक जादू जैसा था। दिल तेज़ी से धड़कता, आँखें कसकर बंद हो जातीं, और मन में सवाल उठता—क्या सांता सच में आएगा?

और हर बार, सुबह होते ही, उनके तकियों के पास सुंदरता से लिपटे गिफ्ट्स मिलते।

सालों बाद जाकर उन्हें यह एहसास हुआ कि यह सांता नहीं, बल्कि उनके माता-पिता—ईवलिन और जॉर्ज—थे, जो चुपचाप उनके गिफ्ट्स रख जाते। लेकिन ईवलिन ने यह राज़ कभी नहीं खोला।

यहाँ तक कि जब बच्चे बड़े हो गए, तब भी वे उसी मासूमियत से यह परंपरा निभाती रहीं। सांता के जादू को ज़िंदा रखते हुए, वह अपने बच्चों की आँखों में वही चमक देखतीं, जो बचपन में थी।

एक माँ की धैर्यशीलता – बेटे की मासूम ज़िद

क्रिसमस की शॉपिंग भी एक यादगार सफर हुआ करती थी। 23 और 24 दिसंबर को ईवलिन अपने बच्चों को बाज़ार ले जातीं, यह सुनिश्चित करते हुए कि हर किसी के पास क्रिसमस के लिए नए कपड़े हों।

"सबके नए कपड़े होने चाहिए!" वे घोषणा करतीं, जब वे अमीनाबाद की चहल-पहल भरी गलियों से गुज़रते। वहाँ दुकानों पर रंगीन लाइट्स जगमगातीं, और दुकानदार स्वेटर, क्रिसमस सजावट और तोहफे बेचते।

लेकिन सुचित की ज़िद हमेशा अलग होती।

एक बार, उसे नीली मखमली पैंट पसंद आ गई।

दूसरी बार, उसे एक खास बेल्ट चाहिए थी, जो किसी भी दुकान में नहीं मिल रही थी।

"मम्मी, ये बेल्ट नहीं चाहिए... दूसरी दिखाइए," उसने जिद करते हुए ईवलिन का हाथ पकड़कर उन्हें दुकान-दुकान घुमाना शुरू कर दिया।

जॉर्ज गहरी साँस लेकर कहते, *"बेटा, अब तो ले लो, नहीं तो सारी दुकानें बंद हो जाएँगी!"*

लेकिन सुचित अपनी ज़िद पर अड़ा रहा। कई दुकानों की तलाश के बाद भी जब वे खाली हाथ लौटे, तब भी ईवलिन ने अपना धैर्य नहीं

खोया।

अगले दिन, वे उसे फिर से लेकर गईं, और इस बार आखिरकार सुचित को वह बेल्ट मिल ही गई।

आज भी, जब सुचित उस बेल्ट को याद करता है, तो उसे उसका डिज़ाइन नहीं, बल्कि ईवलिन का धैर्य और वो मीलों पैदल चलना याद आता है, जो उन्होंने सिर्फ अपने बेटे की खुशी के लिए किया था।

क्रिसमस की चमक – पटाखे, प्रार्थनाएँ और आधी रात का जश्न

बचपन में, सुचित की क्रिसमस ईव की एक और परंपरा थी—पटाखे।

हर साल, जैसे ही क्रिसमस का दिन करीब आता, उसकी आँखों में एक अलग चमक आ जाती।

"मम्मी, मुझे पटाखे चाहिए!" वह हर बार मचलता। ईवलिन हँसते हुए कहतीं, *"ठीक है, लेकिन बस थोड़े से! ज्यादा शरारत मत करना।"*

और फिर, उस ठंडी शाम को, सुचित अपनी माँ का हाथ पकड़े मार्केट की भीड़भाड़ वाली गलियों में चलता।

हवा में जलती लकड़ियों की हल्की-सी महक थी, और सड़क के किनारे लगे छोटे-छोटे स्टॉल पर कागज़ के सितारे, मोमबत्तियाँ, और छोटे पटाखे बिक रहे थे।

यह वही शाम होती थी जो हर साल उनके दिलों में क्रिसमस की नई उमंग भर देती थी।

घर सजाने की रात – हँसी और रोशनी से भरा एक यादगार पल

24 दिसंबर की शाम। यह वह समय था जब सचमुच क्रिसमस का जादू शुरू होता। घर को सजाने का काम शुरू हो जाता, और हर कोई उत्साह से भर जाता।

ईवलिन, दिनभर की तैयारियों के बाद, थकी हुई बिस्तर पर लेट जातीं। लेकिन उनकी आँखों में संतुष्टि की चमक होती।

"सही से करिये ! इधर-उधर लगाने से सुंदर नहीं दिखेगा," वह हल्के-फुल्के अंदाज़ में जॉर्ज को छेड़तीं।

"अरे, अभी तो शुरू किया है!" जॉर्ज जवाब देते, अपने हाथ में उलझी हुई

लाइट्स पकड़े हुए।

आधी रात की रोशनी और प्रार्थनाएँ

24 दिसंबर की आधी रात। चर्च की घंटियाँ दूर से बजतीं, जैसे यीशु मसीह के जन्म की घोषणा कर रही हों।

सुचित भागकर सड़क पर पहुँचता और पटाखे जलाने लगता। आसमान में चमकते पटाखों की रंग-बिरंगी रोशनी पूरे माहौल को जगमगा देती। उसके बाद, घर के अंदर, शीबा बाइबल लेकर आतीं और ईवलिन

ध्यानमग्न होकर प्रार्थना करतीं।

"हे स्वर्गीय पिता, हमेशा हमारी रक्षा करना। हमारी फैमिली को आशीर्वाद देना," उनकी आवाज़ में गहरी श्रद्धा होती।

प्रार्थना के बाद, जॉर्ज क्रिसमस केक काटते। सब मिलकर केक खाते, हँसते, बातें करते, और उस पल को पूरी तरह जीते।

वह साथ बैठने, साझा करने, और परिवार की गर्मजोशी को महसूस करने का समय होता था।

11:

शिक्षा का उपहार

ज्ञान की नींव

ईवलिन और जॉर्ज के लिए, शिक्षा सिर्फ जरूरी नहीं थी—यह जीवन की नींव थी।

वे मानते थे कि ज्ञान वह अमूल्य धरोहर है जिसे कोई छीन नहीं सकता।

"पैसे तो आते-जाते रहेंगे, लेकिन ज्ञान अगर एक बार मिल जाए, तो उसे कोई नहीं छीन सकता," ईवलिन अक्सर अपने बच्चों को समझाया करतीं।

उनका घर हमेशा कॉपी-किताबों की सरसराहट, नई पाठ्य पुस्तकों की खुशबू, और नए स्कूल सत्र की हलचल से भरा रहता था।

नए स्कूल सत्र की तैयारी—एक वार्षिक अनुष्ठान

हर साल जब स्कूल का नया सत्र शुरू होता, तो मैसी परिवार में मानो एक उत्सव सा माहौल बन जाता।

ईवलिन खुद जिम्मेदारी उठातीं बच्चों के लिए किताबें, नोटबुक, स्कूल यूनिफॉर्म और स्टेशनरी खरीदने की।

वह बड़े ध्यान से तेज धार वाले पेंसिल, रंग-बिरंगे रबर, मजबूत स्कूल बैग, और चमकते सफेद मोजे चुनतीं, यह सुनिश्चित करते हुए कि उनके बच्चों के पास पढ़ाई के लिए हर जरूरी चीज हो।

"नए सत्र की शुरुआत हमेशा तैयारी से होनी चाहिए," ईवलिन कहतीं, और इस बात का पूरा ध्यान रखतीं कि छोटी से छोटी चीज भी सही और

समय पर हो।

जॉर्ज की भूमिका भी इस तैयारी में खास थी। वह किताबों पर कवर चढ़ाने के मास्टर थे।

नई पाठ्य पुस्तकों का ढेर सामने रखकर, वह बड़े धैर्य और निपुणता से ब्राउन कवर पेपर काटते, किनारों को सावधानी से मोड़ते, और हर

किताब पर साफ-सुथरे अक्षरों में लेबल लगाते।

"लो भई, अब तुम्हारी किताबें पूरे साल नई जैसी दिखेंगी!" वह गर्व से कहते, जब वह पूरी तरह से लिपटी हुई किताबें बच्चों को सौंपते।

"पापा, आपका हाथ तो जादू है!" रिंकू खुशी से चहकती, अपने नन्हे हाथों से बेदाग कवर को छूते हुए।

"अगर पढ़ना-लिखना सीखना है, तो किताबें संभालना भी सीखना जरूरी है," जॉर्ज प्यार भरी सख्ती से समझाते।

यह सालाना अनुष्ठान सिर्फ स्कूल की तैयारी का हिस्सा नहीं था—यह माता-पिता के मौन त्याग और उनके निस्वार्थ प्रेम की याद भी था।

बचपन से जिम्मेदारियों तक का सफर

बचपन के दिनों में, शीबा, रिंकू और सुचित अपने दिन खेलते, सीखते, और माता-पिता के काम से लौटने का इंतजार करते हुए बिताते।

पर समय के साथ, स्कूल बैग भारी हो गए, होमवर्क जटिल, और जिम्मेदारियाँ गंभीर।

शीबा, जो सबसे बड़ी थी, ने सबसे पहले वयस्कता की दहलीज पर कदम रखा।

उसने बी.एड की पढ़ाई शुरू की, ताकि वह भी अपनी माँ की तरह शिक्षिका बन सके।

रिंकू, जो हमेशा से गंभीर और विचारशील थी, ने ग्रेजुएशन और शिक्षक प्रशिक्षण पूरा किया और पाया कि अनुशासन और ज्ञान का प्रेम उसे अपनी माँ से विरासत में मिला था।

सुचित, जो कभी नटखट और सबसे छोटा था, एक दृढ़ युवा में तब्दील हो गया और विज्ञान को अपनी पढ़ाई का क्षेत्र चुना, ताकि वह दुनिया के रहस्यों को और गहराई से समझ सके।

जॉर्ज और ईवलिन ने बच्चों की इस यात्रा को गर्व भरी नजरों से देखा।

"कल तक जो अपनी किताबें भी संभाल नहीं पाते थे, वे आज इतनी मोटी-मोटी किताबें पढ़ रहे हैं," जॉर्ज ने मुस्कुराते हुए कहा।

ईवलिन ने भी मुस्कराते हुए उनकी ओर देखा।

उन्हें पता था कि हर त्याग, हर देर रात तक दी गई शिक्षा, और हर शब्द जो उन्होंने हौसले से कहा था—उसका फल आज सामने था।

हर सपने का अटूट सहारा

परिवार में कभी भी किसी सपने को छोटा नहीं समझा गया।

चाहे वह ग्रेजुएशन हो, पोस्ट-ग्रेजुएशन हो, या फिर कोई व्यावसायिक प्रशिक्षण— ईवलिन और जॉर्ज ने हर कदम पर अपने बच्चों का साथ दिया।

"जो सीख सकते हो, उसे सीखो। यही इस जीवन का असली धन है," ईवलिन अक्सर कहा करती थीं।

अगर कोई क्रैश कोर्स, सर्टिफिकेशन, या स्किल-बिल्डिंग प्रोग्राम बच्चों के भविष्य को सँवार सकता था, तो उन्होंने हमेशा उसका समर्थन किया।

पेंटिंग और हस्तशिल्प से लेकर कंप्यूटर प्रशिक्षण तक—वे मानते थे कि हर कौशल मायने रखता है।

भले ही कई बार आर्थिक स्थिति तंग रही हो, लेकिन उन्होंने कभी भी बच्चों की शिक्षा से समझौता नहीं किया।

"स्कूल की फीस छोटी लग सकती है," जॉर्ज समझाते थे, *"लेकिन यह ऐसा निवेश है, जो जीवनभर लाभ देगा!"*

और इस तरह, बच्चों ने अपनी पढ़ाई पूरी स्वतंत्रता के साथ की—कभी किसी बोझ या बंधन का एहसास किए बिना।

एक पिता की कला और प्रेरणा

जॉर्ज सिर्फ एक सहायक पिता ही नहीं थे—वे एक कलाकार भी थे। जब भी बच्चों को स्कूल प्रोजेक्ट्स, आर्ट कॉम्पिटिशन, या क्रिएटिव राइटिंग असाइनमेंट्स की ज़रूरत होती, वे स्वाभाविक रूप से अपने पिता की

ओर रुख करते। उनके सधे हुए हाथ और रचनात्मक दिमाग साधारण से विचारों को पुरस्कार जीतने वाले मास्टरपीस में बदल देते।

उनकी देखरेख में, बच्चे पिडिलाइट, क्रैक्स, और कैमल जैसे प्रतिष्ठित ब्रांड्स द्वारा आयोजित प्रतियोगिताओं में पुरस्कार जीतते।

"पापा, ये ड्रॉइंग तो एकदम प्रोफेशनल लग रही है!" सुचित हैरानी से कहता, जब जॉर्ज अपनी कला को अंतिम रूप दे रहे होते।

"अगर किसी चीज़ में मेहनत लगाओ, तो वह हमेशा खूबसूरत लगेगी," जॉर्ज मुस्कुराते हुए जवाब देते। उनकी रचनात्मकता सिर्फ कला तक सीमित नहीं थी— उन्होंने अपने बच्चों को धैर्य, सटीकता, और कुछ अनोखा बनाने की खुशी भी सिखाई।

ईवलिन भी जॉर्ज की इस समर्पण भावना की बेहद प्रशंसा करती थीं।

उनका मानना था कि हर छोटी से छोटी उपलब्धि का जश्न मनाया जाना चाहिए।

प्रोत्साहन जो अंतर पैदा कर गया

एक शिक्षक होने के नाते, ईवलिन ने कभी किसी उपलब्धि को नज़रअंदाज़ नहीं किया।
जब सुचित ने स्कूल स्तर पर लेखन प्रतियोगिताएँ जीतीं, तो उन्होंने उसकी दिल खोलकर प्रशंसा की।
"मुझे तुम पर गर्व है," वे उसके सिर पर हाथ रखते हुए कहतीं।
"लिखना सिर्फ शब्दों का खेल नहीं है, यह एक कला है!"
उनके शब्द सिर्फ प्रोत्साहन भर नहीं थे— वे एक ऐसी ताकत थे, जिसने सुचित को अपनी क्षमताओं पर विश्वास करना सिखाया।
हर चुनौती और हर सफलता में, ईवलिन और जॉर्ज ने अपने बच्चों का

साथ दिया।

उन्होंने यह सुनिश्चित किया कि हालात चाहे जैसे भी हों, उनके बच्चों के सपने कभी अधूरे न रह जाएँ।

ईवलिन का समर्पण और बेटे का मौन सहारा

बरसों तक ईवलिन ने एक सरकारी स्कूल में पढ़ाने के लिए खुद को समर्पित किया।

वह हर दिन लंबी दूरी तय करके स्कूल जातीं, बिना किसी शिकायत के। चिलचिलाती गर्मी हो, भारी बरसात, या हड्डियाँ गला देने वाली सर्दी—ईवलिन कभी पीछे नहीं हटीं।

उनका मानना था कि शिक्षा सिर्फ एक पेशा नहीं, बल्कि एक मिशन है।

उन कठिन समय में जॉर्ज हमेशा ईवलिन के साथ खड़े रहे। शुरुआती दिनों में वे साइकिल से साथ जाते थे, और बाद में जब जॉर्ज ने मोपेड खरीदी, तो सालों तक वह ईवलिन को स्कूल छोड़ने और लेने जाते रहे। उनके बीच का यह साथ उनकी साझी यात्रा की ताकत और समर्थन का प्रतीक बन गया।

जैसे-जैसे उनका अंतिम कार्यकाल पास आया, सुचित ने चुपचाप अपनी माँ का साथ देना शुरू किया। वह चाहता था कि उनकी आखिरी साल की नौकरी पूरी गरिमा और आराम के साथ खत्म हो।

हर सुबह वह अपने स्कूटी पर उन्हें स्कूल छोड़ने जाता, यह सुनिश्चित करते हुए कि वे समय पर पहुँच जाएँ।

लेकिन स्कूल के अंदर जाते ही वह वापस घर नहीं जाता था।

स्कूटी को स्कूल के बाहर पार्क करके, वह अक्सर स्कूल के चारों ओर घूमता।

वह अपनी पढ़ाई के नोट्स भी साथ लाता, ताकि जब तक कक्षाएँ चले तब तक वह भी पढ़ाई कर सके।
और अगर उनके पास परीक्षा की भारी कॉपियाँ होतीं, तो वह उन्हें खुद उठा लेता, जिससे उनकी माँ का बोझ कुछ हल्का हो जाए।
ईवलिन अपने बेटे के इस मौन सहारे को महसूस करतीं। मुस्कुराते हुए वे कहतीं,
"बेटा, तुम भी अपनी पढ़ाई पर ध्यान दो। मैं अपने स्टूडेंट्स को देख लूँगी।"
और इस तरह, सुचित के छोटे-छोटे काम और बिना कहे किया गया सहयोग उनकी माँ की आखिरी नौकरी के साल को और भी खास बना देता।

बेटे का आत्म-चिंतन – माँ की विरासत का एहसास

माँ को उनकी कक्षा में सहज और व्यवस्थित देखकर, सुचित अक्सर स्कूल के पास फैले विशाल गेहूँ के खेतों में चला जाता।

हवा में लहराते सुनहरे खेत, ताजी हवा, और पक्षियों की मधुर चहचहाहट—सब कुछ मानो एक अलग दुनिया की सैर कराता।

जेब में हाथ डाले, वह खेतों की पगडंडियों पर चलता।

उसे यह अहसास होता कि इस शांत माहौल में भी उसकी माँ की छवि और उनके समर्पण की गूँज उसके साथ चल रही है।

रास्ते में मिलने वाले गाँव के लोग और विद्यार्थियों के माता-पिता उसे स्नेह और आदर से अभिवादन करते— *"नमस्ते बेटा, कैसे हो?"* *"पढ़ाई कैसी चल रही है?"* सुचित मुस्कुराते हुए उनका जवाब देता, लेकिन अंदर से वह जानता था कि यह सम्मान सिर्फ उसके लिए नहीं था। यह उसकी माँ के लिए था।

लोग उसे *"मास्टर जी का बेटा"* कहकर पहचानते थे।

वह जानता था कि यह उनकी माँ की वर्षों की मेहनत, ईमानदारी और

सेवा का प्रतिफल था, इसलिए आज वह यहाँ प्रधानाचार्य के पद पर कार्यरत है।

पहली बार उसे अपनी माँ की शिक्षक और माँ के रूप में किए गए बलिदानों और समर्पण का पूरा अर्थ समझ आया। उसके मन में यह विचार कौंधा, "*जो इज़्ज़त मुझे मिल रही है, वह सिर्फ माँ की मेहनत की वजह से है।*" और उस शाम के आसमान के नीचे, गेहूँ की लहराती बालियों के बीच खड़ा होकर, उसने महसूस किया कि वह सिर्फ अपनी माँ के कदमों पर नहीं चल रहा था—वह उनकी विरासत को आगे बढ़ा रहा था।

एक बारिश भरा दिन – माँ और बेटे का सफ़र

आसमान गहरे बादलों से ढका था, और हल्की फुहारें अब तेज़ बारिश में बदल चुकी थीं। सड़कें गीली और फिसलन भरी हो गई थीं। उस दिन ईवलिन और उनका बेटा सुचित मलिहाबाद स्कूल की ओर अपनी स्कूटी से जा रहे थे।

"*माँ, ये बारिश तो रास्ते को पूरा कीचड़ में बदल चुकी है,*" सुचित ने चिंतित होकर कहा।

ईवलिन ने अपनी साड़ी का पल्लू कसकर पकड़ा और उसके कंधे पर हल्की थपकी देते हुए बोलीं, "*कोई बात नहीं बेटा, बस धीरे और संभलकर चलाओ।*"

जैसे ही वे गाँव के पास पहुँचे, कच्ची पगडंडी पूरी तरह से कीचड़ में डूबी हुई थी। अचानक सामने का रास्ता पानी से भर चुका था, मानो तालाब बन गया हो। सुचित ने स्कूटी रोकी और माँ से कहा, "*माँ, आपको थोड़ा पैदल चलना पड़ेगा।*"

ईवलिन साड़ी उठाकर खेत की मेड़ पर चलने लगीं। लेकिन मिट्टी इतनी गीली थी कि उनका पैर फँसने लगा। अचानक उनका एक पैर गहरे कीचड़ में धँस गया।

"*सुचित! आओ, मेरी मदद करो,*" उन्होंने आवाज़ लगाई।

उनकी आवाज़ में घबराहट नहीं थी, बल्कि विश्वास था कि उनका बेटा उन्हें इस मुश्किल से निकाल लेगा।

सुचित तुरंत दौड़ा और उनका हाथ पकड़कर खींचा। ईवलिन ने मुस्कुराते हुए खुद को संभाल लिया।

गाँव वालों की मदद और सीख

थोड़ी दूर आगे गाँव वाले मिल गए।
"अरे मास्टर जी, इतनी बारिश में भी स्कूल जाने का हौसला है आपका!" एक ग्रामीण ने सराहना की।
"बच्चों को पढ़ाना है, तो आना ही पड़ेगा," ईवलिन ने मुस्कुराते हुए जवाब दिया।
यह सुनकर सुचित को एहसास हुआ कि उसकी माँ ने कितनी मुश्किलों का सामना किया था। यह तो बस एक बारिश थी, लेकिन ईवलिन ने न जाने कितनी ऐसी चुनौतियाँ झेलते हुए अपने कर्तव्य को निभाया था।
"माँ, आपने कभी हार नहीं मानी," सुचित ने कहा।
"बेटा, जब मकसद सही हो और विश्वास कायम हो, तो मुश्किलें भी छोटी लगती हैं," ईवलिन ने सादगी से उत्तर दिया।
उस दिन सुचित ने अपनी माँ के साहस, समर्पण, और दृढ़ निश्चय को और भी गहराई से समझा।

12:

ईवलिन का नया अध्याय –
एक माँ का गौरव, बदलाव की यात्रा

साल 2003 की दस्तक के साथ ही ईवलिन ने अपनी नौकरी से विदाई ली। वर्षों तक नन्हे बच्चों के भविष्य को सँवारने के बाद, जब वह स्कूल के गेट से आखिरी बार बाहर निकली, तो उसके दिल में भावनाओं का अजीब सा संगम था।

लेकिन सबसे अधिक वह आभारी थी।

उसने अपने बच्चों को एक मजबूत नींव दी थी, और अब वे अपनी राह पर खड़े थे।

अब समय था सुचित के भविष्य की दिशा तय करने का।

समझदारी से सोचते हुए, उन्होंने सुचित की पढ़ाई के लिए एजुकेशन लोन भी लिया, ताकि उसकी शिक्षा में कोई रुकावट न आए।

"जो तुम बनना चाहते हो, वही बनो। हम तुम्हारे साथ हैं," जॉर्ज ने उसे आश्वासन दिया।

उन्होंने कभी भी अपने सपनों या सीमाओं को उस पर नहीं थोपा। बल्कि, उन्होंने सुचित की आकांक्षाओं को सहारा दिया और उसे अपनी शर्तों पर भविष्य गढ़ने की आज़ादी दी।

बेटियों की शादियाँ – धीरे-धीरे खाली होता घर

ईवलिन के रिटायरमेंट के कुछ साल बाद, जॉर्ज भी अपनी नौकरी से रिटायर हो गए। वर्षों की कड़ी मेहनत के बाद उनके जीवन में एक नया मोड़ आया।

अब वे सहज थे—सुबह की जल्दीबाजी खत्म हो गई थी, स्कूल और ऑफिस की दौड़-भाग थम चुकी थी। वर्षों बाद, उन्हें खुद के लिए समय मिला था।

लेकिन जीवन में एक और बड़ा बदलाव उनकी राह देख रहा था।
समय के साथ, ईवलिन और जॉर्ज ने अपनी बड़ी बेटी शीबा की शादी तय कर दी। उन्होंने सही जीवनसाथी की तलाश की, लेकिन शीबा के विदा होते ही घर अचानक से खाली-सा लगने लगा।
कुछ समय बाद, रिंकू की भी शादी हुई। चूँकि उसकी शादी शहर से बाहर हुई थी, वह शीबा की तरह अक्सर घर नहीं आ पाती थी।
उसकी अनुपस्थिति ने उस खालीपन को और भी गहरा कर दिया।
अब जब दोनों बेटियाँ शादी के बाद अपने-अपने घर चली गई थीं, तो कभी चहल-पहल से भरा रहने वाला घर अब बदल चुका था।

ईवलिन और जॉर्ज, जो अब अकेले थे, एक-दूसरे के सबसे बड़े सहारे बन गए— रोजमर्रा की ज़िंदगी में एक-दूसरे की मदद करते, बातें करते, और अपने सुनहरे दिनों में साथ रहते।
फिर भी, ईवलिन ने खुद को व्यस्त रखा।
उसके पास अब भी उसकी किताबें थीं, उसकी प्रार्थनाएँ थीं, और अपने परिवार के लिए उसका असीम प्रेम था।
कभी-कभी शीबा अपने परिवार के साथ आती, और कुछ दिनों के लिए घर फिर से खिल उठता।
रिंकू की दूर होने के कारण उसकी यात्राएँ कम हो गई थीं, जिससे ईवलिन अक्सर उसकी कमी महसूस करती थी।
फिर भी, उसने कभी शिकायत नहीं की। वह समझती थी कि समय आगे बढ़ता है, और बच्चे एक-एक करके अपना घोंसला छोड़ देते हैं।
परंतु एक माँ का दिल हमेशा अपने बच्चों के लिए तरसता है।

बेटे का करियर – एक ऐसा बेटा, जो हमेशा आगे बढ़ता रहा

दूसरी ओर, सुचित अपने करियर में निरंतर आगे बढ़ रहा था।
ट्रेनिंग पूरी करने के बाद, उसने अलग-अलग शहरों में नौकरी करनी

शुरू कर दी। हर कुछ सालों में, एक नया अवसर उसे किसी और शहर में ले जाता, और उसकी यात्रा जारी रही।

आखिरकार, मुंबई जैसे तेज़-रफ़्तार शहर में उसकी स्थायी नौकरी लग गई।

जब भी समय मिलता, वह अपने माता-पिता से मिलने आता। कुछ दिन उनके साथ रहकर फिर वापस लौट जाता। हर बार, जब वह जाने लगता, ईवलिन उसका हाथ थाम लेती और उम्मीद भरी आँखों से कहती:

"बेटा, यहीं आ जाओ। यहीं कोई काम देख लो ताकि हमारे साथ रह सको।"

वह चाहती थी कि उसका बेटा उनकी आँखों के सामने रहे , ताकि अपने वृद्ध होते सालों में वे उसका साथ महसूस कर सकें।

लेकिन सुचित, जो अपने करियर और ज़िम्मेदारियों के बीच संतुलन बना रहा था, बस यही कह पाता:

"मम्मी, मैं आता रहूँगा। आप मेरी फिक्र मत करो।"

ईवलिन सिर हिला देतीं, लेकिन उनके दिल में एक माँ की वही पुरानी तड़प बनी रहती—अपने बच्चे के करीब होने की तड़प।

माँ की बड़ी टीवी की ख़्वाहिश

एक शाम, जब घर में हल्की सर्दी की दस्तक दे रही थी और चाय की महक पूरे कमरे में तैर रही थी, ईवलिन ने बड़े ही कैजुअल अंदाज़ में अपने बेटे से एक छोटी-सी बात कह दी।

"बेटा, अगली बार जब आओ, तो एक बड़ी-सी टीवी लेते आना। अब तो रिटायरमेंट के बाद थोड़ा वक्त भी है टीवी देखने का।"

सुचित ने मन ही मन एक वादा कर लिया।

अगली बार जब वो घर आया, तो सबसे पहला,काम, मॉल में जाकर टीवी खरीदना —सोनी ब्राविया 52 -Inch LED Television।

और जब घर पर टीवी डिलीवर हुआ और सेटअप किया गया, उसने माँ से कहा, *"मम्मी, देखो, आपकी बड़ी टीवी आ गई!"*

ईवलिन कुछ पल के लिए बिल्कुल स्तब्ध रह गई।

उन्होंने हल्के से स्क्रीन को छुआ, जैसे यह देखकर खुद को यकीन

दिलाना चाहती हों कि यह सच में उनकी है। उनकी आँखों में आंसू आ गए।

"अरे वाह! इतनी बड़ी टीवी?" उन्होंने आश्चर्य से कहा, अपनी खुशी रोक न पाते हुए। जॉर्ज, जो यह सब देख रहे थे, हँस *पड़े। "अब तो घर का सिनेमा हॉल हो गया!"*

ईवलिन सोफे पर बैठ गईं और जब स्क्रीन पर पहली तस्वीर आई, तो वो एकटक उसे निहारती रहीं।

"बेटा, इतनी बड़ी टीवी क्यों लाए? हमारे लिए तो छोटी भी काफी थी..." उन्होंने धीरे से कहा।

सुचित ने हल्की मुस्कान के साथ जवाब दिया, *"मम्मी, आप चाहती थी ना।"*

उस रात, जब सब साथ बैठकर टीवी देख रहे थे, सुचित पुरानी यादों में खो गया—वो छोटी सी ब्लैक एंड वाइट टीवी, वो रविवार की शामें, जब पूरा परिवार एक साथ बैठकर धारावाहिक देखता था।

समय भले बदल गया था, लेकिन कुछ लम्हे हमेशा के लिए अमर हो गए थे। ईवलिन ने भी उस पल को अपने दिल में संजो लिया। उनके बेटे ने एक बार फिर उनकी छोटी-सी ख्वाहिश पूरी कर दी थी।

एक माँ की लालसा – एक मौन विदाई

कुछ दिन बिताने के बाद अगली सुबह सुचित को मुंबई के लिए निकलना था। रात में, जब सब सो रहे थे, ईवलिन अचानक जागीं। उन्होंने देखा कि सुचित अपना बैग पैक कर रहा था।

कुछ देर के लिए वो दरवाजे पर खड़ी रहीं, बस उसे निहारते हुए। फिर धीरे से बोलीं, *"बेटा, काश तुम यहीं होते..."* सुचित ठहर गया। उसकी माँ की आवाज़ में अनकहा दर्द छुपा था।

उसने उनकी ओर देखा और धीरे से उनका हाथ थाम लिया। *"मम्मी, मैं जितना हो सके उतना जल्दी वापस आता रहूँगा।"*

ईवलिन ने हल्के से उसके सिर पर हाथ फेरा। *"बस अपना ध्यान रखना, बेटा।"* सुबह, जब टैक्सी घर के बाहर आकर रुकी, जॉर्ज ने सुचित का सूटकेस उठाया।

ईवलिन दरवाजे पर खड़ी रहीं। जाने से पहले, ईवलिन ने बेटे के सफ़र के लिए प्रार्थना की।

"जल्दी वापस आना," उन्होंने धीमे से कहा। सुचित ने सिर हिलाया और टैक्सी में बैठ गया। जैसे ही गाड़ी आगे बढ़ी, उसने देखा कि ईवलिन वहीं खड़ी थीं—अपनी भावनाओं को छुपाने की कोशिश में।

एयरपोर्ट पर, सुचित ने गहरी सांस ली। उसकी माँ की आवाज़ अभी भी उसके कानों में गूंज रही थी—*"बेटा, यहीं आ जाओ काम करने..."*

कुछ दूरी भले ही लंबी होती है, पर एक बेटे का दिल हमेशा अपने घर लौटने का रास्ता ढूंढ ही लेता है।

13:

बदलते मौसम – विदाई के बाद की ज़िंदगी

ईवलिन हर सुबह उसी समय उठतीं, जैसे हमेशा उठती आई थीं। उनके लिए दिनचर्या ही वो सुकून था, जो उन्हें व्यस्त और सकारात्मक बनाए रखता था। पौधों को पानी देना, समय पर खाना बनाना, और घर को उसी तरह सहेजना जैसे अभी भी उनके बच्चे किसी भी पल लौट आएंगे। जॉर्ज, खुद को व्यस्त रखने के तरीके खोजते रहते थे। कभी पुराने साथियों से मिलने चले जाते, कभी चर्च की ओर रुख करते, तो कभी घर की छोटी-मोटी चीज़ें ठीक करने लगते।

"आपको अब इन सबकी ज़रूरत नहीं है," ईवलिन मुस्कुराते हुए कहतीं, जब उन्हें खिड़की के ढीले पेंच कसते हुए देखतीं।

जॉर्ज हँसते हुए जवाब देते, *"अगर मैं काम न करूँ, तो दिन कैसे कटेगा?"*

ईवलिन समझती थीं। ये सिर्फ व्यस्त रहने की बात नहीं थी—ये अपनी ज़िंदगी में उद्देश्य बनाए रखने की बात थी।

फोन कॉल और बच्चों से जुड़े रहने की डोर

उनके हफ़्ते की सबसे ख़ास घड़ी वो होती थी, जब लैंडलाइन की घंटी बजती। हर बार घंटी बजते ही ईवलिन का दिल हल्का सा धड़क उठता।

"सुचित का फोन होगा?" वह जल्दी से फोन उठाने दौड़तीं। *"मम्मी, आप कैसी हैं?"* फोन की दूसरी ओर से

सुचित की आवाज़ आती, भरी हुई ममता और चिंता के भाव से।
"मैं ठीक हूँ, बेटा। बस तुमसे बात करने का इंतज़ार रहता है।"
भले ही ये बातचीत छोटी होती, लेकिन इनके बीच की दूरी को ये शब्द जैसे मिटा देते थे।

घर में फिर से बसंत – जब बच्चों की वापसी से आँगन महक उठता

उन पलों की खुशी का कोई मुकाबला नहीं था, जब बच्चे घर लौटते।

जब भी शीबा घर आती, ईवलिन उसके लिए उसके पसंदीदा व्यंजन बनातीं। दोनों देर रात तक बैठकर पुरानी यादों में खो जातीं—बचपन की शरारतें, स्कूल की बातें, और उन दिनों की यादें जब हर कोना बच्चों की हँसी से गूंजता था।

और जब सुचित आने की योजना बनाता, तो ईवलिन कई दिन पहले से तैयारियाँ शुरू कर देतीं।
उसका कमरा साफ करना, तकिए ठीक से सजाना, उसके पसंदीदा तौलिये रखना—हर छोटी चीज़ का ख्याल रखतीं।

"मम्मी, मैं बस दो दिन के लिए आ रहा हूँ, इतना सब मत करिए," सुचित फोन पर कहता।
"बेटा, माँ के लिए तो बस यही मौका होता है," ईवलिन मुस्कुराते हुए जवाब देतीं।

और जब वह घर पहुँचता, तो जैसे घर में फिर से बसंत आ जाता।

परिवार की नई खुशियाँ – नानी बनने की ख़ुशी

समय बीता, और ईवलिन के जीवन में नई खुशियों का आगमन हुआ। उनके दोनों बच्चे, शीबा और रिंकू, अब अपने-अपने परिवार बसा चुके थे। एक दिन जब ईवलिन आराम से घर बरामदे में बैठी थीं, तब शीबा ने खुशखबरी दी।

"माँ, आपको एक नई ज़िम्मेदारी निभाने के लिए तैयार होना है," शीबा ने फोन पर उत्साह से कहा।

"कौन सी ज़िम्मेदारी, बेटा?" ईवलिन ने पूछा, थोड़ी हैरानी के साथ। *"आप नानी बनने वाली हैं!"*

यह सुनते ही ईवलिन की आँखें खुशी से भर आईं। उन्होंने तुरंत जॉर्ज को यह खुशखबरी सुनाई। कुछ ही महीनों में, शीबा ने एक प्यारी सी बेटी को जन्म दिया। नन्ही सी जान को अपनी गोद में उठाते ही ईवलिन की खुशी दोगुनी हो गई।

"मेरी नातिन, बिल्कुल शीबा जैसी," उन्होंने मुस्कुराते हुए कहा।

रिंकू के घर से दूसरी खुशखबरी

कुछ समय बाद, रिंकू से भी खुशखबरी मिली। जब रिंकू के घर एक नन्हा बेटा पैदा हुआ, तो ईवलिन की खुशी का ठिकाना नहीं रहा। *"अब मैं नानी बन गई हूँ"* उन्होंने खुशी से भरी आवाज़ में कहा।

नानी की गोद में नाती और नातिन की किलकारियाँ

अब उनके घर में बच्चों की किलकारियाँ गूँजती थीं। छोटी-छोटी बातों में बच्चों की मासूमियत और शरारतें घर में नई जान डाल देतीं। कभी नन्ही बच्ची उनके दुपट्टे से खेलती, तो कभी नाती उनके कंधे पर चढ़ने की कोशिश करता।

ईवलिन बच्चों को कहानियाँ सुनातीं, उनके साथ खेलतीं, और उन्हें गोद में लेकर अपने पुराने दिनों की यादों में खो जातीं।

"माँ, अब तो आप फिर से बच्चों के साथ व्यस्त हो गई हैं," शीबा हँसते हुए कहती। *"हाँ बेटा, ये तो मेरे जीवन की सबसे बड़ी दौलत है,"*

ईवलिन ने बच्चें की नन्ही उँगलियों को थामते हुए जवाब दिया।

एक नई पीढ़ी और पुरानी सीखें

ईवलिन और जॉर्ज के लिए यह समय किसी आशीर्वाद से कम नहीं था। उन्होंने अपने बच्चों को अच्छी परवरिश दी थी, और अब इन बच्चों के साथ वही पुरानी सीखें और कहानियाँ दोहरा रही थीं।

रिंकू ने एक दिन अपनी माँ से कहा, *"माँ, आपने जो हमें सिखाया, वही अब हम अपने बच्चों को सिखाएँगे। आपके जैसे धैर्य और प्रेम की हमें हमेशा जरूरत रहेगी।"*

यह सुनकर ईवलिन का दिल गर्व से भर गया। उनके जीवन की कहानी अब एक नई पीढ़ी में आगे बढ़ रही थी, और उनके बच्चे उनके आदर्शों को आगे बढ़ा रहे थे।

"परिवार की असली खुशी इन्हीं छोटे-छोटे लम्हों में छिपी होती है," उन्होंने मुस्कुराते हुए कहा।

अब उनका घर बच्चों की हँसी, खेल, और नई उम्मीदों से भर चुका था। ईवलिन अपने जीवन के इस नए अध्याय को पूरी खुशी और संतोष के साथ जी रही थीं – एक नानी और अपने बच्चों की सबसे प्यारी माँ बनकर।

माता-पिता का प्रेम – बेटे का दुनिया छोड़ घर लौटना

बाहर की दुनिया तेजी से आगे बढ़ रही थी, लेकिन ईवलिन और जॉर्ज के घर के अंदर समय जैसे थम गया था।

दीवारें हँसी की गूँज अपने भीतर संजोए थीं, फर्श पर अनगिनत कदमों की छाप थी, और हवा में अब भी उन स्वादिष्ट व्यंजनों की हल्की खुशबू बसी थी, जिन्हें ईवलिन ने बरसों तक बड़े प्रेम से पकाया था।

उनकी बेटियाँ अब अपने-अपने घरों में बस चुकी थीं। शीबा अक्सर आतीं, कई-कई दिन रुकतीं, जिससे घर फिर से कभी-कभी हँसी ठिठोली और हलचल से भर जाता।

लेकिन रिंकू, जो शहर से बाहर रहती थीं, बहुत कम ही आ पातीं।

और उनका इकलौता बेटा... वह तो एक दशक से भी अधिक समय से मीलों दूर था, अपने करियर की दौड़ में लगा हुआ।

हर बार जब ईवलिन का बेटा फोन करता, तो वह अपने भीतर छुपी तड़प को एक मुस्कराहट भरी आवाज़ के पीछे छिपा लेतीं।

"बेटा, सब ठीक है न वहाँ?"

"हाँ मम्मी, सब बढ़िया है।"

लेकिन दिल के किसी कोने में वह जानती थीं—एक फोन कॉल कभी उस दूरी को पाट नहीं सकता।

उसने कई बार कहा था—

"मम्मी, पापा, आप दोनों मुंबई आ जाओ।"

लेकिन ईवलिन और जॉर्ज ने हर बार इंकार कर दिया था।

"बेटा, यह घर सिर्फ चार दीवारें नहीं है... यहाँ हमारी ज़िंदगी बसी है," जॉर्ज कहा करते।

ईवलिन सिर हिलाकर सहमति जतातीं।

इस घर में उनके बच्चों के बचपन की हर याद बसी थी।
हर त्यौहार, हर प्रार्थना, हर सपना जो उन्होंने साथ मिलकर देखा था,
इन दीवारों के भीतर धड़कता था।
इसे छोड़ने की कल्पना भी असंभव थी।
और इस तरह साल बीतते गए।
फोन कॉल्स ने मुलाकातों की जगह ले ली, और बातों में छुपी तड़प
उनकी असली बातचीत बन गई।

मुंबई के हिरानंदानी की तेज़ रफ्तार दुनिया

हिरानंदानी, पवई की सड़कों पर मुंबई की भागती-दौड़ती जिंदगी का शोर गूँज रहा था। यह एक ऐसा शहर था, जो कभी रुकता नहीं। ऊँची-ऊँची इमारतें, चमचमाते ऑफिस, और तेज़ रफ्तार कारें, जो किसी सपनों की दुनिया का अहसास कराती थीं।

इन्हीं गगनचुंबी इमारतों के बीच ईवलिन का बेटा अपने ऑफिस के पास रविवार की एक शाम बेंच पर बैठा था।
वह तेज़ रफ्तार से भागती दुनिया को देख रहा था।
यह वही जगह थी जहाँ लोग बड़े सपनों को साकार करने आते थे।
जहाँ हर इंसान अपने करियर की सीढ़ियाँ चढ़ने में व्यस्त था।
उसने आसमान छूती इमारतों को देखा और सोचा—
"यहाँ हर चीज़ एक अवसर है, और हर इंसान अपने सपनों को सच करने के लिए दौड़ रहा है!"
इसी शहर में उसने अपने जीवन के कई साल बिताए थे।
अनगिनत मीटिंग्स, कड़े डेडलाइन्स, प्रोजेक्ट्स डिलीवरी और एक ऐसी ज़िंदगी जो पूरी तरह से महत्त्वाकांक्षा पर आधारित थी।
लेकिन उस पल, वह खुद को कहीं खोया हुआ महसूस कर रहा था।
"सब कुछ होने के बावजूद, यहाँ मेरे पास क्या है?"
यह सवाल उसके दिल में गूँजने लगा।
कई सालों से उसके माता-पिता उसका इंतजार कर रहे थे।

कई सालों से उसने खुद से कहा था—
"बस एक साल और, फिर वापस चला जाऊँगा।"
कई सालों से उसने इस ख्याल को टाल दिया था, कि शायद एक दिन उसे यह सब छोड़ना पड़ेगा।

फैसला – प्रेम से प्रेरित, त्याग से नहीं

लेकिन आज, उस बेंच पर बैठकर, उसने वह महसूस किया जो पहले कभी नहीं किया था।
मुंबई की सारी रौनक और तेज़ रफ्तार ज़िंदगी भी उस गर्माहट से कम थी जो उसके घर में थी।
उसने ईवलिन के बारे में सोचा, जो हर बार फोन पर उसकी आवाज़ सुनकर सुकून महसूस करती थीं।
उसने जॉर्ज के बारे में सोचा, जो चुपचाप हर बार उम्मीद करते थे कि उनका बेटा एक दिन वापस आ जाएगा।
और उसी पल, फैसला साफ हो गया।
उसने धीमी आवाज़ में खुद से कहा—
"मैं जा रहा हूँ।"
नहीं इसलिए कि उसे कोई और विकल्प नहीं था।
बल्कि इसलिए कि अब उसने अपने परिवार को चुनने का फैसला किया।
क्योंकि कई साल पहले, उसके माता-पिता ने उसे दुनिया की हर चीज़ से ऊपर चुना था।
अब, बारी उसकी थी।
बचपन की यादें किसी नदी की लहरों की तरह उमड़ पड़ीं—वो सुबह-सुबह उठकर उसका टिफिन तैयार करना, सीमित पैसे से किताबें खरीदना, और ये सुनिश्चित करना कि उसे वो हर मौका मिले, जो उनके

हिस्से कभी नहीं आया।

उन्होंने कभी खुद के बारे में नहीं सोचा—सिर्फ उसके बारे में।

अब, सालों बाद, जब उन्हें उसकी ज़रूरत थी, तो वो कैसे सिर्फ अपने बारे में सोच सकता था?

"जो मैंने सीखा, वो मम्मी-पापा की वजह से ही था। मैंने उन्हें अपनी ज़िम्मेदारियों से भागते हुए नहीं देखा, तो मैं कैसे भाग सकता हूँ?" उसने सोचा।

उसे पता था कि दुनिया इसे त्याग कहेगी, लेकिन उसके लिए यह सिर्फ प्रेम का चक्र पूरा होना था।

क्योंकि जब उसे उनकी ज़रूरत थी, उन्होंने उसका साथ कभी नहीं छोड़ा—अब बारी उसकी थी।

ईवलिन की प्रतिक्रिया – एक माँ का सपना साकार

जिस दिन उसने घर पर फोन करके यह खबर दी, ईवलिन को पहले तो यकीन ही नहीं हुआ।

"मम्मी, मैं वापस आ रहा हूँ," उसने कहा।

कुछ पलों के लिए सन्नाटा छा गया। फिर, उसकी आवाज़ आई— थरथराती, भावनाओं से भरी।

"सच, बेटा? तुम वापस आ रहे हो?"

उसकी आँखों में आँसू भर आए, और उसने अपने काँपते हाथों से मुँह ढक लिया।

"जॉर्ज... हमारा बेटा वापस आ रहा है," उसने फुसफुसाते हुए कहा, उसकी आवाज़ हल्की सी दरक गई थी।

और फिर, खुशी ने सारे जज़्बातों पर काबू पा लिया।

ईवलिन रसोई की तरफ दौड़ी।

मसाले के डिब्बे खोले, सामग्री बाहर निकाली।

"उसकी पसंद की खीर बनानी पड़ेगी... और वो कबाब भी... और उसको जर्दा भी कितना पसंद है!"

उसने डाइनिंग टेबल पर हाथ फेरा, जैसे जाँच रही हो कि सब कुछ सही जगह पर है या नहीं—क्या सब कुछ उसके बेटे के स्वागत के लिए तैयार है?

घर के बाहर, उसने पड़ोसियों को बताया, सब्ज़ी वाले को बताया, जो भी सुनना चाहे, उन्हें बताया—

"मेरा बेटा वापस आ रहा है! कितने साल बाद घर फिर से घर लगेगा!"
जॉर्ज, जो अब तक चुपचाप यह सब देख रहे थे, अपना हाथ ईवलिन के कंधे पर रखकर बोले।
"हमने हमेशा सोचा था कि एक न एक दिन वो ये फैसला ज़रूर करेगा," उन्होंने धीमी आवाज़ में कहा।
लेकिन उन्हें भी इतनी जल्दी यह सब होगा, इसकी उम्मीद नहीं थी।

वापसी – बेटे का घर लौटना

जिस दिन वह लौटा, ईवलिन दरवाज़े पर खड़ी थी—इंतज़ार में।
वैसे ही, जैसे पहले स्कूल के पहले दिन इंतज़ार किया था... जैसे त्योहारों की छुट्टियों में किया था... और अब, जब वह एक दशक से भी ज़्यादा समय बाद लौट रहा था।
जैसे ही उसने अपने बेटे को देखा, उसकी आँखें आँसुओं से भर आईं।
उसने अपने हाथ जोड़े —शांत आभार में और परमेश्वर का धन्यवाद दिया।
उसने कुछ नहीं कहा। बस अपने बेटे के सिर पर हाथ रखा और उसे आशीर्वाद दिया।
"मम्मी, मैं आ गया," उसने धीरे से कहा।
"पता है, बेटा... मुझे हमेशा पता था कि एक दिन तुम ज़रूर आओगे," उसने फुसफुसाया।
घर के भीतर, सब कुछ वैसा ही था जैसा उसने छोड़ा था।
पुरानी अलमारी, कंप्यूटर टेबल, और किचन से आती ताज़ी खीर की खुशबू।
बस फर्क यह था कि अब वह एक बच्चा बनकर घर नहीं आया था।
वह एक बेटा बनकर लौटा था—जो यहाँ रुकने के लिए आया था।

सच्चे बलिदान का अर्थ

कई बेटे आगे बढ़ जाते हैं, अपनी ज़िंदगी में, अपने सपनों की ओर, दुनिया के पीछे भागते हुए।
ईवलिन का बेटा भी ऐसा ही कर सकता था।
वह विदेश जा सकता था, आरामदायक ज़िंदगी बना सकता था, और पैसे भेजकर अपने कर्तव्यों की पूर्ति कर सकता था।
लेकिन उसने जाना कि उसके माता-पिता को सिर्फ पैसे की जरूरत नहीं थी।
उन्हें ज़रूरत थी उसके साथ की, उसके समय की, उसके प्यार की।
जैसे कभी उन्होंने अपने बेटे का सहारा बनकर उसे संभाला था, अब उसकी बारी थी उनका सहारा बनने की।
ना कर्तव्य से, ना किसी अपराधबोध से—
बल्कि प्रेम से।

एक माँ की खुशी – बेटे की नई शुरुआत

लखनऊ—एक ऐसा शहर, जहाँ की तंग गलियाँ, पुराने चेहरे और हर नुक्कड़ की पहचान में एक अपनापन छिपा था। वही शहर, जो ईवलिन का घर था।
बरसों बाद, उनका बेटा फिर से लखनऊ में बस चुका था, ठीक वैसे ही जैसे उसकी माँ ने हमेशा प्रार्थना की थी।
परमेश्वर ने राह बनाई, ठीक वैसे ही जैसे उनके बेटे ने विश्वास किया था।
सालों का संघर्ष, अनिश्चितता और इंतज़ार अब स्थिरता में बदल चुका था। और उसी स्थिरता के साथ, नई खुशियाँ भी दस्तक देने लगीं।

पहली कार – बेटे का तोहफ़ा

एक खुशनुमा शाम थी। ईवलिन और जॉर्ज आराम से बैठे थे, जब अचानक उनका बेटा सुचित अंदर आया, चेहरे पर उत्साह झलक रहा था।
"मम्मी-पापा, आज आप दोनों को मेरे साथ चलना है," उसने मुस्कुराते हुए कहा।
ईवलिन चौंक गई। *"कहाँ बेटा?"*
"बस, थोड़ा सरप्राइज़ है! तैयार हो जाइए, आपको कुछ दिखाना है,"

सुचित ने हल्के से आँखों में चमक लाते हुए कहा।

जॉर्ज ने अपनी ऐनक ऊपर की और हँसते हुए पूछा, *"अब क्या नई शरारत है?"*

"शरारत नहीं, पापा। आज आपको एक खास जगह ले जाना है।"

शोरूम की ओर सफ़र

कुछ देर बाद, सुचित ने उन्हें कार में बिठाया और वे शहर के एक बड़े ऑटोमोबाइल शोरूम की ओर बढ़े। रास्ते में, सुचित ने जानबूझकर कुछ नहीं बताया।

"बेटा, अब बता भी दो कहाँ जा रहे हैं," ईवलिन ने प्यार भरे उलाहने से कहा।

"थोड़ा सब्र, मम्मी। बस पहुँच गए," सुचित ने मुस्कुराते हुए जवाब दिया।

कुछ देर बाद वे एक बड़े कार शोरूम के सामने रुके। चमचमाती गाड़ियों की कतारें अंदर दिखाई दे रही थीं।

जैसे ही वे अंदर पहुँचे, मैनेजर ने उनका स्वागत किया और सुचित से हाथ मिलाया। *"सर, आपकी कार तैयार है। कृपया आइए।"*

ईवलिन और जॉर्ज हैरान थे। *"कार?"* ईवलिन ने अचंभे से पूछा।

मैनेजर ने मुस्कुराते हुए एक चमचमाती आटोमेटिक—मेटालिक ब्लू कार की ओर इशारा किया।

"यह आपकी है, मम्मी-पापा," सुचित ने चाबी आगे बढ़ाते हुए कहा।

ईवलिन की आँखें नम हो गईं। *"सच में, बेटा?"* उनकी आवाज़ हल्की, पर भावनाओं से भरी थी।

जॉर्ज ने सुचित के कंधे पर गर्व से हाथ रखा। *"तुमने हमें आज कितना बड़ा तोहफ़ा दिया है,"* उन्होंने धीमे स्वर में कहा।

सुन्हेरी यादों का सफ़र

ईवलिन ने कार के हुड पर हल्के से हाथ फेरा। उनके मन में पुरानी यादें

उभरने लगीं—वो दिन, जब जॉर्ज ने सुचित के लिए पहली साइकिल खरीदी थी। फिर, कॉलेज में उसके लिए स्कूटी भी लाई गई थी। और आज वही बेटा, मेहनत से कमाई गई पहली कार उनके लिए लेकर खड़ा था।

"कितनी जल्दी वक्त बदल गया," उन्होंने धीरे से कहा, उनकी आवाज़ में गर्व और कृतज्ञता थी।

पहली सवारी – आशीर्वाद और कृतज्ञता

जैसे ही वे कार के अंदर बैठे, सुचित ने ड्राइविंग सीट पर बैठते हुए कहा, *"आज मैं आपको ड्राइव पर ले चलता हूँ!"* ईवलिन और जॉर्ज मुस्कुराते हुए कार की आरामदायक सीट पर बैठे। कार धीरे-धीरे सड़क पर दौड़ने लगी। बाहर की झिलमिलाती लाइट्स और खुला आसमान देखकर, ईवलिन ने आँखें बंद कर लीं और दिल से परमेश्वर को धन्यवाद दिया। उनके बेटे ने जो खुशी उन्हें दी थी, वह शब्दों से परे थी।

"बेटा, तुमने हमें जो सम्मान और खुशी दी है, उसके लिए शब्द कम हैं," उन्होंने सुचित की ओर देखकर कहा। सुचित ने मुस्कुराते हुए प्यार से उनकी ओर देखा।

उस दिन की वो सवारी सिर्फ़ एक सफ़र नहीं थी। वह एक जीवन की यात्रा थी, जिसमें प्यार, मेहनत, और एक बेटे का अपने माता-पिता के लिए सम्मान था।

एक माँ की इच्छा – दुल्हन की तलाश

साल दर साल बीतते गए, और ईवलिन के जीवन में खुशियाँ बढ़ती रहीं। लेकिन उसके दिल में एक अधूरी इच्छा अभी भी बाकी थी।

कभी-कभी, रात के खाने के दौरान वह हल्के-फुल्के अंदाज़ में कहतीं, *"बेटा, अब तो तुम्हारी शादी की भी बारी है।"*

"मम्मी, अभी मैं बच्चा हूँ!" उनका बेटा हँसते हुए बात टाल देता।

लेकिन ईवलिन, जो एक माँ थीं, इस बात को कभी नहीं भूलीं।

जब भी वह रिश्तेदारों, से मिलतीं, बातचीत अक्सर घूम-फिरकर एक ही विषय पर आ जाती—उसके बेटे की शादी।

"बस अब उसके लिए एक अच्छी लड़की ढूँढनी है," वह मुस्कुराकर कहतीं। और फिर, एक दिन एक प्रस्ताव आया।

कई बार लोग देखने आये लेकिन बात बन ना पायी, फिर कुछ समय के बाद एक प्रतिष्ठित परिवार ने उनसे संपर्क किया। और पहली बार, ईवलिन के बेटे ने इसे गंभीरता से लिया। उसे लगा की माता पिता के प्यार और खुशियों के लिए एक और कदम उठाया जाए।अगले कुछ महीनो तक चर्चाएँ और निर्णय चलते रहे।

दुल्हन के घर की यात्रा – पहाड़ों की ओर सफर

ट्रेन धीरे-धीरे देहरादून स्टेशन पर आकर रुक गई। जैसे ही ईवलिन ने ट्रेन से बाहर कदम रखा, उसने गहरी साँस ली—पर्वतीय हवा की ताज़गी कुछ अलग ही थी।

यह पहली बार था जब उसने पहाड़ों को इतने करीब से देखा।

जॉर्ज, जो आमतौर पर कम बोलने वाले व्यक्ति थे, पलभर के लिए रुके और अपना शॉल ठीक करते हुए आसपास देखने लगे।

"ये जगह तो बिलकुल अलग है लखनऊ से," ईवलिन ने अपने बेटे की ओर देखते हुए कहा।

उसके बेटे ने भी इस इलाके को पहले कभी नहीं देखा था। उसकी आवाज़ में बचपने की-सी उत्सुकता थी जब उसने कहा,

"मम्मी, अभी तो ये सिर्फ शुरुआत है, आगे देखो!"

स्टेशन से बाहर आ कर उसने ओला कैब बुक की, और कुछ ही देर में वे टिहरी, उत्तराखंड की ओर रवाना हो गए—वह घाटी, जहाँ परिवार रहता था।

जन्नत की राह – प्रकृति की सुंदरता का नज़ारा

जैसे-जैसे कार घुमावदार सड़कों से गुज़री, नज़ारे बदलते चले गए।

वे मसूरी के पास से गुज़रे—जिसे 'क्वीन ऑफ हिल्स' कहा जाता है। वहाँ की धुंध से ढकी चोटियाँ और पहाड़ी ढलानों पर बसे छोटे-छोटे घर किसी तस्वीर जैसे लग रहे थे।

उसके बेटे ने उत्साह से इशारा किया। ईवलिन ने आँखों में हैरत लिए चारों ओर देखा। क्युकि यह उसकी पहाडों पर पहली यात्रा थी।

"कितनी खूबसूरत जगह है... ये सब पहले क्यों नहीं देखा?"

थोड़ी ही देर में वे केम्प्टी फॉल्स के पास पहुँचे, जहाँ चट्टानों से झरते झरने पूरी घाटी को ठंडी फुहारों से भर रहे थे।

जॉर्ज, जो अब तक खिड़की के बाहर देख रहे थे, आखिर बोले,

"ये तो बिलकुल तस्वीर जैसा लगता है!"

घनी हरियाली, गहरी घाटियाँ, और नीला पानी, जो आसमान का प्रतिबिंब लग रहा था—सब कुछ अद्भुत था।

ईवलिन के लिए यह यात्रा सिर्फ दुल्हन के परिवार से मिलने तक सीमित नहीं थी—यह उसके लिए जीवन की एक अनमोल याद बन रही थी।

लड़की के घर पहुँचना – एक बड़ा फैसला

शाम होते-होते वे टिहरी पहुँच गए, जहाँ लड़की के परिवार ने गर्मजोशी से स्वागत किया। वैली के बीच बने इस आरामदायक घर में गुफ्तगू शुरू हुई।

फिर असली बात पर चर्चा हुई।

दुल्हन से मिलने के बाद, ईवलिन ने धीरे से अपने बेटे से पूछा, *"बेटा, तुम्हें लड़की पसंद है?"*

उनका बेटा हल्की-सी मुस्कान के साथ बोला, *"आप बताइए!"* ईवलिन ने जॉर्ज की ओर देखा, जिन्होंने धीमे से सिर हिलाया। थोड़ी और चर्चाओं के बाद, आखिरकार रिश्ता तय हो गया।

घाटी से विदाई – एक नई शुरुआत की उम्मीद

जब वे घर से बाहर निकले, तो ईवलिन ने घाटी को एक आखिरी बार देखा। उनकी आँखों में कृतज्ञता और उम्मीद की चमक थी। क्योंकि यह सिर्फ उसके बेटे की शादी का नहीं, बल्कि एक नई यात्रा का भी प्रतीक था।

पहाड़ियों में शादी – देहरादून का जादुई माहौल

टीहरी की यात्रा के कुछ महीनों बाद, शादी की तारीख तय हो गई। जैसे ही यह खबर परिवार में फैली, हर तरफ खुशी की लहर दौड़ गई। तैयारियाँ ज़ोरों पर शुरू हो गईं। परिवार में उत्साह चरम पर था।

यह सिर्फ इसलिए खास नहीं था कि ईवलिन के बेटे की शादी होने जा रही थी, बल्कि इसलिए भी कि शादी देहरादून में होनी थी—भारत के सबसे सुंदर हिल स्टेशनों में से एक।

जैसे ही ट्रेन घाटियों के बीच से गुज़रती, ईवलिन अपनी भतीजियों, भतीजों और उनके परिवारों के साथ बैठी हँसी-मज़ाक और बचपन की यादें साझा कर रही थीं।

वह खिड़की से बाहर देखतीं, जहाँ पहाड़ों पर कोहरा ऐसे लिपट रहा था, मानो किसी सपने का हिस्सा हो। और इसी दौरान उन्होंने सोचा कि ज़िंदगी उन्हें कहाँ से कहाँ ले आई थी।

उनके पास बैठे जॉर्ज ने उनकी ओर झुककर कहा,

"अब देखो, जब हम लखनऊ से चले थे, तो लग रहा था कि सफर लंबा है। और अब लगता है मानो पलक झपकते ही यहाँ पहुँच गए।"

ईवलिन हल्के से मुस्कुराईं। समय सच में ऐसा ही होता है—कभी धीमा और कभी पलभर में उड़ता हुआ।

शादी का जश्न – परमेश्वर की आशीष और आत्मिक रस्में

शाम होते ही नेशविला का मेथोडिस्ट चर्च दुल्हन की तरह सज गया था। चर्च के अंदर पवित्र शांति और दिव्य वातावरण था। हर कोने से रिश्तेदार और दोस्त इकट्ठा हुए थे, और फिज़ा में संगीत, रंगों, और भावनाओं का एक खूबसूरत संगम बिखरा हुआ था। चर्च की साज-सज्जा के बीच हल्की मोमबत्तियों की चमक और फूलों की भीनी सुगंध हर किसी के दिल को छू रही थी।

जब वधू और वर चर्च के गलियारे से गुज़रे, तो हर किसी की आँखों में खुशी की चमक थी। ईवलिन ने अपने आँसुओं को छुपाते हुए हल्की मुस्कान के साथ यह दृश्य देखा। उनके दिल में गर्व और आभार का भाव उमड़ रहा था।

ईवलिन ने आँखें बंद करके प्रार्थना की, *"हे प्रभु, आपने मेरे दिल की तमन्ना पूरी की। आज मेरे बच्चों को आपके पवित्र आशीर्वाद में मिलते देखना मेरे लिए किसी सपने से कम नहीं है।"*

वचन और प्रतिज्ञा

इसके बाद, पास्टर ने दूल्हा-दुल्हन को एक-दूसरे की ओर मुड़ने को कहा।

"क्या तुम दोनों एक-दूसरे का हर सुख-दुख में साथ निभाने का वचन देते हो?" पास्टर ने पूछा।

"हाँ, मैं वचन देता हूँ," वर ने कहा।

"हाँ, मैं भी वचन देती हूँ," वधू ने मुस्कुराते हुए जवाब दिया।

हस्ताक्षर और विवाह प्रमाण पत्र

वचनबद्धता के बाद दोनों ने चर्च के विवाह रजिस्टर पर हस्ताक्षर किए। यह वह क्षण था, जिसने उनके रिश्ते को आधिकारिक रूप से परमेश्वर की आशीष में बाँध दिया। जैसे ही उन्होंने साइन किए, पूरे चर्च में तालियों की गूँज उठी।

ईवलिन की आँखें खुशी और आभार से भर आईं। उनके दिल में यही सपना था कि उनके बच्चों का जीवन प्रेम, परमेश्वर की कृपा, और आशीर्वाद से भरपूर हो, और आज वही सपना सच होता दिख रहा था। उसी शाम, जब परिवार और दोस्त शादी की दावत में शामिल हुए, ईवलिन के चेहरे पर वही संतोष भरी मुस्कान थी, जो तब होती है जब किसी की वर्षों की तपस्या रंग लाती है। उनके दिल में परमेश्वर के लिए कृतज्ञता का भाव और भी गहरा हो गया।

सस्पेंस की आहट – कुछ बदलने वाला है

शादी के जश्न के बाद, ज़िंदगी फिर से सामान्य हो गई। लेकिन कुछ था, जो हवा में हलचल पैदा कर रहा था।
ईवलिन के दिल में एक हल्की सी बेचैनी थी—जैसे कुछ बड़ा होने वाला हो।
लेकिन किसी को कुछ भी अंदाज़ा नहीं था। अभी नहीं।

15:

मौन चेतावनी

दिसंबर का महीना अपनी ठंडी सुबहों और सर्द हवाओं के साथ दस्तक दे चुका था। क्रिसमस के कुछ ही दिन बचे थे। एक खास दिन, जॉर्ज और ईवलिन को रिटायर्ड लोगों के एक पुनर्मिलन कार्यक्रम में आमंत्रित किया गया। यह एक वार्षिक आयोजन था, जिसमें रिटायर्ड लोग इकट्ठा होते थे और चर्च समुदाय उन्हें सम्मानित करता था।

ईवलिन भी वहाँ मौजूद हर बुज़ुर्ग से व्यक्तिगत रूप से मिलीं और अपने दिल की बात साझा की। हालाँकि, जैसे-जैसे समय बीतता गया, उनकी

थकावट बढ़ती चली गई। उन्होंने चेहरे पर मुस्कान बनाए रखी, लेकिन अंदर से वह थोड़ा कमजोर महसूस कर रही थीं।

उस दोपहर, जब कार्यक्रम समाप्त हुआ, जॉर्ज और ईवलिन घर लौटने के लिए निकले। दोनों ने एक-दूसरे का हाथ थामा हुआ था। जब वे घर पहुँचे, तो सुचित और शीबा ने देखा कि उनकी माँ ईवलिन कुछ थकी हुई और कमज़ोर दिख रही हैं।

"माँ, आप ठीक तो हैं न?" सुचित ने चिंतित होते हुए पूछा।

ईवलिन ने हल्की मुस्कान के साथ जवाब दिया, *"हाँ बेटा, मैं बिल्कुल ठीक हूँ, बस आज का दिन थोड़ा लंबा था।"*

लेकिन उसकी आवाज़ में हल्की थकान की छाप साफ थी। शीबा ने

तुरंत उन्हें आराम करने की सलाह दी।

ईवलिन ने उनकी बात सुनी और पहली बार महसूस किया कि शायद अब उनका शरीर उन्हें धीमा करने का संकेत दे रहा था।

"मम्मी, क्या आप ठीक हैं?" अगली शाम उनकी एक भतीजी ने चिंतित स्वर में पूछा, जब उसने देखा कि ईवलिन गहरी सोच में डूबी हुई हैं।

"हाँ बेटा, बस थोड़ी थकान है," ईवलिन ने हल्की मुस्कान के साथ जवाब दिया।

लेकिन जल्द ही कुछ और गंभीर लक्षण उभरने लगे—वे कभी-कभी अचानक चेतना खोने लगीं।

उनके बच्चे, भतीजे, और भतीजियाँ यह महसूस करने लगे कि बातचीत के दौरान ईवलिन अचानक ठिठक जातीं, जैसे उनका ध्यान कहीं और भटक गया हो। यह उनके लिए सामान्य नहीं था। वे हमेशा चैतन्य रहती थीं, हर बात पर ध्यान देती थीं।

फिर एक सुबह ऐसा हुआ कि वे सोकर उठी ही नहीं।

घर में अफरातफरी मच गई। उनका बेटा तेजी से उनके पास पहुँचा और हल्के से उन्हें हिलाते हुए बोला, *"मम्मी, उठिए!"*

उनकी भतीजी और भतीजे भी दौड़कर आ गए, उन्हें आवाजें देने लगे। ईवलिन ने हल्की करवट तो ली, लेकिन कोई प्रतिक्रिया नहीं दी।

डर की एक ठंडी लहर पूरे घर में दौड़ गई।

"डॉक्टर को बुलाओ!" किसी ने घबराकर चिल्लाया।

उन्हें तुरंत अस्पताल ले जाया गया। हर किसी का दिल चिंता से भरा हुआ था।

समय के खिलाफ दौड़

डॉक्टरों ने ईवलिन की पूरी जाँच की और तुरंत सीटी स्कैन कराने की सलाह दी, ताकि उनकी चेतना खोने की असली वजह का पता चल सके।

जब रिपोर्ट आई, तो जो डर उनके दिलों में घर कर चुका था, वह सच साबित हो गया—उनके सिर के पिछले हिस्से में खून का थक्का जमा हो रहा था—*हेमाटोमा। (हेमाटोमा तब होता है जब शरीर के किसी हिस्से में आंतरिक रक्तस्राव से खून इकट्ठा होकर थक्के के रूप में जमा हो जाता है। यह अक्सर चोट, सिर पर गिरने, या आघात के कारण होता है। जब हेमाटोमा मस्तिष्क के पास बनता है, तो यह विशेष रूप से खतरनाक हो सकता है क्योंकि यह मस्तिष्क की कार्यप्रणाली पर दबाव*

डालता है।)

डॉक्टर की आवाज गंभीर थी। उसने रिपोर्ट देखते हुए परिवार की ओर देखा।

"स्थिति गंभीर है," उसने कहा। *"उन्हें तुरंत सर्जरी की जरूरत है। अगर देरी हुई, तो उनकी जान को खतरा हो सकता है।"*

डॉक्टर के ये शब्द मानो कमरे में गूँज उठे। ईवलिन अब अपनी ज़िंदगी की सबसे बड़ी लड़ाई लड़ रही थीं।

उनका बेटा, उनकी बेटियाँ, उनके भतीजे और भतीजियाँ—सब स्तब्ध थे। किसी को समझ नहीं आ रहा था कि इतनी अचानक यह सब कैसे हो गया।

इस बीच, उनके सबसे छोटे भाई की बेटी बिब्बो, जो हमेशा ईवलिन के बेहद करीब रही थी, उसने न्यूरोसर्जरी विभाग के प्रमुख से संपर्क किया और उन्हें सबसे कुशल सर्जन नियुक्त करने के लिए कहा।

"डॉक्टर साहब, प्लीज़, वे हमारे लिए सबकुछ हैं," उसकी आवाज काँप रही थी, लेकिन उसके शब्दों में दृढ़ता थी।

कुछ ही घंटों में सारी व्यवस्थाएँ पूरी हो गईं।

प्रार्थना और प्रतीक्षा का क्षण

अस्पताल के ऑपरेशन थिएटर के बाहर, ईवलिन का पूरा परिवार— **सिर्फ उनके बच्चे ही नहीं, बल्कि उनके भतीजे, भतीजियाँ, उनके जीवनसाथी, और रिश्तेदार भी—**इकट्ठा थे।

सभी राहत की तलाश में इधर-उधर टहल रहे थे।

किसी की नज़रें सिर्फ फर्श को देख रही थीं, जैसे उसकी आँखों में उम्मीद, दर्द, और अविश्वास की अटूट जंग चल रही हो।

कुछ अपने हाथों को जोड़कर मौन प्रार्थना कर रहे थे।

कुछ अपनी आँखें बंद करके परमेश्वर से बार-बार वही सवाल कर रहे थे। *"क्या हम सुरक्षित और सुखी निकल सकते हैं? क्या हमारी माँ इस विनाशकारी स्थिति से निकल सकती है?"*

और हर व्यक्ति यही उम्मीद कर रहा था

असंभव को संभव बनाना

घंटे बीत चुके थे। सर्जन जब आखिरकार ऑपरेशन थियेटर से बाहर निकले, तो उनके चेहरे पर एक ऐसी गहरी गंभीरता थी, जिससे किसी

का भी दिल बैठ सकता था। सभी की साँसें अटकी हुई थीं।

सर्जन ने एक पल के लिए अपनी नज़रें झुकाईं, फिर ईवलिन के चिंतित परिवार की ओर देखा और बोले,

"सर्जरी बेहद नाज़ुक थी... लेकिन..."

वह रुके, जैसे सही शब्दों की तलाश में हों। फिर उनकी आवाज़ में हल्की सी मुस्कान उभरी।

"... लेकिन वो एक योद्धा हैं!" उन शब्दों ने कमरे में बँधा तनाव जैसे तोड़ दिया। राहत और आँसुओं की लहर हर चेहरे पर दौड़ गई।

ईवलिन ने यह लड़ाई जीत ली थी।

वह ज़िंदा थीं। वह बच गई थीं।

एक माँ, जो मौत को भी हरा देती है

आईसीयू में बेड पर लेटी हुई ईवलिन धीरे-धीरे होश में आने लगीं। उनकी साँसें अब भी धीमी थीं, लेकिन उनकी आँखों में वही जाना-पहचाना सुकून था।

एक-एक करके, उनका परिवार उनसे मिलने आया।

उनका बेटा उनके बेजान हाथ को अपने हाथों में थामे हुए था। उसकी आँखों में आँसू थे, लेकिन मुस्कुराहट भी थी।

"मम्मी, आपने हमें कितना डरा दिया था।"

ईवलिन ने हल्के से सिर हिलाया। उनके चेहरे पर एक थकी हुई, लेकिन संतोष भरी मुस्कान थी।

उनकी भतीजी किटी, जो हमेशा उन्हें अपनी दूसरी माँ मानती थी, उनके पास आई। उसने धीरे से उनके कान में फुसफुसाया—

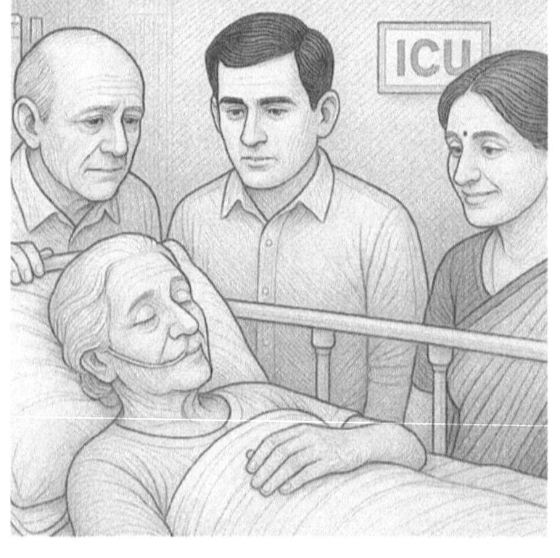

"फुप्पो, आप तो हम

सबसे ज़्यादा मजबूत हैं।"

उनके भतीजे भी पास खड़े थे, उनकी आँखों में सम्मान और हैरानी का भाव था। वे जानते थे कि एक बार फिर, उनकी फुप्पो ने भाग्य को हरा दिया था।

और उनके नाती - नतिनी, उनकी बाहों में आकर लिपट गए और खिलखिला कर मुस्कुरा दिए।

ईवलिन ने मौत की आँखों में सीधे देखा था—और एक बार फिर, वह मौत के दरवाजे से वापस लौट आई थीं। क्युकी परमेश्वर ने उसके दिन और बढ़ा दिए थे, कुछ और योजनाओं के साथ।

मज़बूती की जीवंत मिसाल

ईवलिन का जीवन कभी आसान नहीं था।

उन्होंने गांवो की लम्बी यात्राएँ करके बच्चों को पढ़ाया था।

उन्होंने बार-बार बीमारियों का सामना किया, लेकिन हर बार अपनी अटूट आस्था और दृढ़ विश्वास के सहारे खुद को खड़ा रखा।

उन्होंने अपने परिवार की खुशी के लिए हर संभव त्याग किया, लेकिन अपने चेहरे की मुस्कान कभी फीकी नहीं होने दी।

फिर भी, कभी किसी ने उन्हें टूटते हुए नहीं देखा। शायद यह उनका परमेश्वर में अडिग विश्वास था, जिसने उन्हें हर हाल में खड़ा रखा।

या शायद यह उनके परिवार के लिए उनका अपार प्रेम था, जिसने उन्हें हर तूफ़ान का सामना करने की शक्ति दी।

पर एक बात बिल्कुल स्पष्ट थी—

ईवलिन मैसी कोई साधारण महिला नहीं थीं।

वह एक माँ थीं।

एक शिक्षिका थीं।

एक आस्थावान महिला थीं।

और अपने आप में एक योद्धा थीं।

लेकिन इस जीत के बावजूद, कोई नहीं जानता था कि एक और बड़ा तूफ़ान अभी भी उनकी राह देख रहा था।

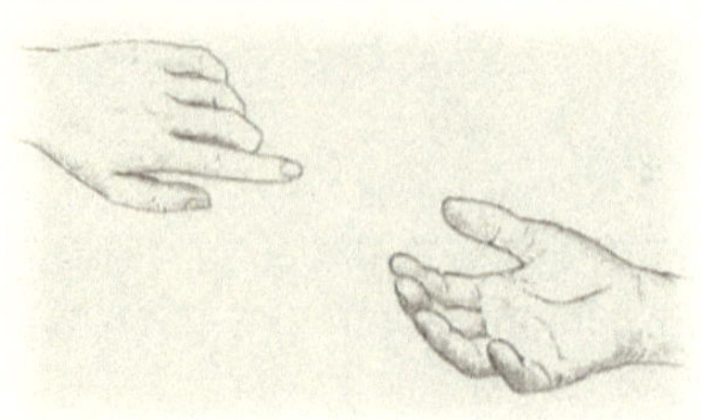

16:

भाई का बिछड़ना –
एक ऐसा घाव जो कभी नहीं भरा

वर्ष बीतते गए, लेकिन ज़िंदगी अपने साथ नई चुनौतियाँ और अप्रत्याशित दुख लाती रही। ईवलिन अभी अपनी बीमारी से पूरी तरह उबरी भी नहीं थी कि एक और आँधी उसके जीवन में दस्तक देने लगी।

उस शाम, जब ईवलिन खिड़की के पास बैठी थीं, उनकी आँखें शून्य में खोई हुई थीं। उनके चेहरे पर हल्की थकावट की छाया थी, लेकिन उनके मन में अजीब-सी बेचैनी थी, जिसका कोई कारण समझ नहीं आ रहा था।

अचानक, सुचित कमरे में दाखिल हुआ, उसका चेहरा गंभीर था। उसके पीछे शीबा भी थी, जो धीरे-धीरे माँ के पास आकर बैठ गई। शीबा के चेहरे पर चिंता की लकीरें थीं, मानो उसके पास कुछ ऐसा कहने को हो, जिसे कहना आसान नहीं।

ईवलिन ने उनकी तरफ देखा। सुचित ने गहरी साँस ली और अपनी आँखें नीची कर लीं, जैसे शब्द उसके गले में अटक गए हों।

शीबा ने धीरे से माँ का हाथ थामा और बोली, *"मम्मी, एक बात बतानी है..."* उसकी आवाज़ बहुत धीमी थी, जैसे वह हर शब्द को तौल रही हो। *"क्या बात है, शीबा?"* ईवलिन की आवाज़ में हल्की चिंता झलक रही थी।

शीबा ने धीरे से कहा, *"मम्मी... बड़े मामा जी नहीं रहे। उनका आज... निधन हो गया।"*

पलभर के लिए ईवलिन स्तब्ध रह गईं। उनकी आँखें फटी की फटी रह गईं, मानो सुनी हुई बात पर यकीन न हो रहा हो।

सुचित ने माँ के कंधे पर हाथ रखा, लेकिन ईवलिन की उँगलियाँ थरथरा उठीं। उन्होंने अपने हाथों से अपना चेहरा ढक लिया। उनका दिल जैसे किसी गहरे अँधकार में डूबने लगा।

उनकी आँखों में आँसू भर आए। आखिरी भाई भी अब उन्हें छोड़कर जा चुका था, नोरा भाभी बहुत साल पहले ही जा चुकी थी।

वर्षों से उन्होंने अपने भाई-बहनों को एक-एक करके जाते देखा था। हर विदाई ने उनके दिल में एक खालीपन छोड़ दिया था। लेकिन इस बार का एहसास अलग था।

अब वह सच में अकेली रह गई थीं।

एक खालीपन, जिसे शब्द नहीं भर सकते

अंतिम संस्कार के बाद जब वह घर लौटी, तो थकावट उसके चेहरे पर साफ़ झलक रही थी।

दिन का भार उसके कंधों पर बैठ गया था। घर में गहरा सन्नाटा पसरा हुआ था, बस बीच-बीच में उसकी भतीजियों की हल्की-फुल्की फुसफुसाहट सुनाई दे रही थी।

वह अपनी कुर्सी पर चुपचाप बैठ गई। उसका चेहरा पीला पड़ा हुआ था, मानो दुख की गहराई ने उसके भीतर से सारी ऊर्जा छीन ली हो।

उसकी भतीजियाँ उसे चुपचाप देख रही थीं। वे नहीं जानती थीं कि क्या कहें।

कई मिनटों की चुप्पी के बाद, ईवलिन ने आखिरकार कुछ कहा। उसकी आवाज़ बहुत हल्की थी, लेकिन उसमें इतनी पीड़ा भरी थी कि जैसे हर शब्द भारी हो।

"अब तो मैं ही अकेली बची हूँ... मेरे सारे भाई-बहन चले गए... मैं

अकेली रह गई हूँ!"
उसकी बात कमरे में गूँज उठी, जैसे दुख ने खुद को शब्दों में ढाल लिया हो।

उसकी भतीजियाँ उसके पास बैठ गईं। उन्होंने उसके हाथ थाम लिए, धीमे से उसका हौसला बढ़ाने की कोशिश की।

ईवलिन ने गहरी साँस ली और अपनी आँखें बंद कर लीं, जैसे अपने दिल में उमड़ते जज़्बातों को रोकने की कोशिश कर रही हो।

उसके बड़े भाई की यादें—वह समय जब उसने हर मुश्किल में उसका साथ दिया, उसका समर्पण, उसके बलिदान—ईवलिन की आँखों के सामने किसी पुरानी फिल्म की तरह चलने लगीं।

उसने सिर्फ एक भाई नहीं खोया था। उसने अपने जीवन का वह स्तंभ खो दिया था, जिसने उसकी राह को हमेशा आसान बनाया था।

कुछ घाव कभी नहीं भरते

वक़्त गुज़रता रहा। ज़िंदगी आगे बढ़ती रही, जैसे हमेशा बढ़ती है।

दुख धीमा हो गया, लेकिन कभी पूरी तरह खत्म नहीं हुआ।

वह फिर से मुस्कुराना सीख गई, आगे बढ़ना सीख गई।

कभी-कभी, वह अचानक अपने भाई की यादों में खो जाती—उनकी पुरानी बातचीत, उनके बीच की वो अनकही समझ।

उसने कई विदाइयाँ देखी थीं, और हर विदाई ने उसके दिल पर एक नया घाव छोड़ा था।

वक़्त भले ही दुख की धार को थोड़ा कम कर दे, लेकिन कुछ खालीपन हमेशा के लिए रह जाते हैं।

उस रात, जब वह बिस्तर पर लेटी, छत की ओर देखते हुए, एक ख्याल उसके मन में आया—*"परमेश्वर ने मुझे अब तक क्यों जीवित रखा है?"*

उसने इतना कुछ सहा था। इतना दर्द झेला था। और अब, एक-एक करके उसके अपने उसे छोड़कर जा रहे थे।

उसने अपने भाई-बहनों को खो दिया था। उसने अपनी बीमारियों से लड़ाई लड़ी थी। और फिर भी, वह अब तक यहाँ थी।

उसे नहीं पता था कि उसके दुःख और खालीपन के परे, परमेश्वर की योजना अभी अधूरी थी।

उसकी ज़िंदगी में अभी भी एक उद्देश्य था—एक ऐसा कारण, जिसे वह अभी नहीं देख पा रही थी।

और जब आखिरकार नींद ने उसकी थकी हुई आँखों को बंद किया,

उसके आँसू सूख चुके थे।
लेकिन सवाल अब भी कायम था।
एक ऐसा सवाल, जिसका जवाब सिर्फ समय दे सकता था।

समय से जंग – एक अटूट विश्वास और संघर्ष

ईवलिन का शरीर भले ही कमजोर पड़ने लगा था, लेकिन उनका विश्वास अब भी उतना ही मजबूत था, जैसे समय कभी उस पर असर डाल ही नहीं पाया हो। उन्होंने एक दशक पहले एक बीज बोया था—

प्रेम, त्याग और सहनशक्ति का। आँधियों ने घेरने की कोशिश की, तपती धूप ने झुलसाया, लेकिन उन्होंने उस बीज को हर हाल में सींचा और बचाया।

वक्त के साथ वह बीज अंकुरित हुआ, उसकी जड़ें गहरी होती गईं और आज, उस पौधे में खिलते फूल उनकी मेहनत की कहानी कह रहे थे।

ईवलिन ने हर चुनौती का सामना किया—

जिम्मेदारियों का बोझ, संघर्षों की आँधी, और जानलेवा बीमारियाँ। हर बार जब जिंदगी ने उन्हें गिराने की कोशिश की, उन्होंने अपनी सहनशक्ति से जवाब दिया। लेकिन अब, उनका शरीर धीमा पड़ने लगा था।

उनके भीतर एक ख़ामोश जंग चल रही थी—उनकी किडनी जवाब दे रही थी। यह संघर्ष जीवनभर के युद्धों से अलग था, लेकिन उनकी छाँव

अब भी आने वाली पीढ़ियों के लिए प्रेरणा बनी हुई थी।

अचानक बिगड़ती हालत – फिर से ICU में

वर्षों तक उन्होंने इसे दवाइयों, खानपान पर नियंत्रण, और प्रार्थना के सहारे संभाले रखा। लेकिन 2021 में उनकी तबियत अचानक गंभीर हो गई। उन्हें तुरंत आई. सी. यू. ले जाना पड़ा।

शीबा और सुचित आई. सी. यू. के बाहर खड़े थे। उनकी आँखों में चिंता की छाया थी। वे देख रहे थे कि उनकी माँ फिर से जिंदगी और मौत के बीच की लड़ाई लड़ रही थीं।

"मम्मी बहुत मजबूत हैं," शीबा ने हल्के स्वर में कहा, जैसे खुद को दिलासा दे रही हो।

"हाँ," सुचित ने दृढ़ता से जवाब दिया। *"और परमेश्वर उनके साथ हैं।"*

दिन बीतते गए। ईवलिन आई. सी. यू. में मशीनों से घिरी हुई थीं। आई. वी. लाइन लगी थी। हर सांस पर नजर रखी जा रही थी। परिवार लगातार प्रार्थना कर रहा था।

और फिर... चिकित्सा विज्ञान की उम्मीदों से परे जाकर, ईवलिन ने फिर से चमत्कारी ढंग से ठीक होना शुरू कर दिया।

कुछ दिनों बाद, उन्हें डिस्चार्ज कर दिया गया। लेकिन डॉक्टरों ने उन्हें एक सख्त चेतावनी दी।

"अब आपको डायलिसिस शुरू करना होगा," नेफ्रोलॉजिस्ट ने सलाह दी। *"अगर आप नहीं करवातीं, तो आपके गुर्दे और खराब होते जाएंगे।"*

डॉक्टरों ने वह बात साफ़ कर दी थी जिससे ईवलिन डर रही थीं—उन्हें क्रॉनिक किडनी डिजीज (CKD) हो गई थी।

ईवलिन ने शांत चेहरे से डॉक्टर की ओर देखा और धीरे से सिर हिला

दिया।

"नहीं!" कमरा एक पल के लिए खामोश हो गया।

सुचित और शीबा ने एक-दूसरे की ओर चिंता भरी नजरों से देखा।

"मम्मी, यह जरूरी है—" सुचित ने कहना शुरू किया।

"नहीं," ईवलिन ने फिर दोहराया, इस बार उनकी आवाज में एक शांत लेकिन अडिग विश्वास झलक रहा था।

उन्होंने मन बना लिया था।

भय पर विश्वास को तरजीह देना

आने वाले कुछ हफ्तों तक, सुचित और शीबा उन्हें डायलिसिस सेंटर ले जाते रहे। उन्हें उम्मीद थी कि शायद ईवलिन अपना फैसला बदल लें।

लेकिन हर डायलिसिस के बाद, ईवलिन और कमजोर हो जातीं, थकी हुई दिखतीं।

एक दिन, डायलिसिस के एक और थकाऊ दौर के बाद, ईवलिन डायलिसिस सेण्टर से व्हील चेयर पर बाहर आयी। सूरज ढल रहा था, और हल्की गुलाबी रोशनी कमरे में छिटकी हुई थी।

"बेटा," उन्होंने धीमी आवाज में सुचित से कहा, *"मुझे ये सब नहीं चाहिए। मैं इस तरह नहीं जीना चाहती।"*

शीबा ने उनकी ओर देखा। उसकी आँखों में चिंता गहरी होती जा रही थी।

"मम्मी, हम बस यही चाहते हैं कि आप ठीक हो जाएँ," उसने भर्राई आवाज में कहा।

ईवलिन ने उसकी ओर देखा। उनकी आँखों में शांति और विश्वास की झलक थी।

"मेरी जिंदगी परमेश्वर के हाथ में है," उन्होंने स्पष्ट स्वर में कहा। *"अगर उन्हें मुझे जीवित रखना होगा, तो मैं जिंदा रहूँगी—किसी मशीन की वजह से नहीं, बल्कि उनकी इच्छा से।"*

उनकी आवाज में न तो कोई डर था, न कोई हिचकिचाहट।

सुचित ने गहरी सांस ली। उसने अपनी माँ को पहले भी मौत से लड़ते और वापस आते देखा था।

अगर उनकी आस्था इतनी मजबूत थी, तो उसकी भी होनी चाहिए।

"तो हम प्रार्थना करेंगे," उसने कहा। *"और मैं हर संभव कोशिश करूँगा कि आप प्राकृतिक तरीके से ठीक हो जाएँ।"*

ईवलिन हल्के से मुस्कुराईं। उनकी आँखों में वही माँ का प्रेम और विश्वास झलक रहा था।

"बस यही चाहिए मुझे, बेटा," उन्होंने कहा।

और उस पल, वह कमरा प्रेम, विश्वास, और शांति से भर गया।

कभी हार न मानने की कहानी

यह कहानी सिर्फ एक माँ की बीमारी की नहीं थी।

यह उस अडिग विश्वास की कहानी थी, जिसने ईवलिन को हर तूफान से लड़ने की शक्ति दी।

यह उस परिवार की कहानी थी, जो दवाइयों और मशीनों से परे, एक अदृश्य शक्ति में यकीन रखता था—परमेश्वर में।

और जब भी वे अपनी माँ को थकान से जूझते हुए देखते, वे जानते थे कि वह कभी हार नहीं मानेंगी। क्योंकि उनकी ताकत सिर्फ उनके शरीर में नहीं थी—वह उनके विश्वास में बसती थी।

असंभव को हराना

हफ़्ते बीते। फिर महीने। ईवलिन ने डायलिसिस कराना बंद कर दिया था। अब वह सिर्फ दवाइयों, सख्त डाइट, और अपने अटूट विश्वास के

सहारे जी रही थी।

डॉक्टरों की चिंता बढ़ रही थी। *"बिना डायलिसिस के वह ज़्यादा समय तक नहीं टिक पाएंगी,"* एक डॉक्टर ने चेतावनी दी थी।

लेकिन ईवलिन अभी भी यहाँ थीं। उनका शरीर कमज़ोर था, लेकिन उनकी आत्मा अब भी अटूट और मज़बूत थी।

उन्होंने डॉक्टरों द्वारा दी गई सख्त डाइट का पालन किया—कम प्रोटीन, कम पोटैशियम, और नियंत्रित सोडियम।

लेकिन उनके दिल में, वह जानती थीं कि असली इलाज किसी दवा से नहीं, बल्कि परमेश्वर की कृपा से आएगा।

और फिर, लगभग एक साल बाद, ईवलिन अपने रूटीन पैथोलॉजी टेस्ट के लिए अस्पताल लौटीं।

रिपोर्ट्स आईं, और डॉक्टर हैरान रह गए।

"आपके क्रिएटिनिन लेवल में अप्रत्याशित सुधार है," नेफ्रोलॉजिस्ट ने कहा, नहीं में सिर हिलाते हुए।

ईवलिन मुस्कुराईं।

"मैंने कहा था न, डॉक्टर... मेरा परमेश्वर सबसे बड़ा उपचारक है।"

परमेश्वर की योजना बड़ी होती है

हालाँकि उनकी हालत अब भी नाजुक थी, लेकिन उन्होंने हर मेडिकल भविष्यवाणी को झूठा साबित कर दिया।

डॉक्टर इसे समझ नहीं पा रहे थे।

वह डायलिसिस के बिना जीवित नहीं रह सकती थीं—यह उनकी मेडिकल रिपोर्ट्स कह रही थीं। उन्हें इस अवस्था में ठीक नहीं होना था। लेकिन उन्होंने यह कर दिखाया।

क्योंकि ईवलिन मेडिकल रिपोर्ट्स के अनुसार नहीं जीती थीं—वह

अपने विश्वास के सहारे जीती थीं।
वह जानती थीं वह सच, जिसे विज्ञान कभी नहीं माप सकता था।
उनकी ज़िंदगी **क्रॉनिक किडनी डिज़ीज** के हाथ में नहीं थी—वह परमेश्वर के हाथों में थी।
और वह अब भी जीवित थीं, क्योंकि परमेश्वर की योजना अभी पूरी नहीं हुई थी।

एक उपहार, जिसे देखने के लिए वह जीवित थीं

ईवलिन का विश्वास था कि जब परमेश्वर किसी की ज़िंदगी लंबी करते हैं, तो उसके पीछे कोई कारण होता है।
और उनके लिए भी एक आखिरी उपहार तैयार था।
कुछ ऐसा जो उन्हें देखना था। कुछ ऐसा जो उनके जीवन की कहानी को पूरा कर देगा।

उस शाम, जब वह अपने घर की खामोशी में बैठीं, उन्होंने अपनी आँखें बंद कीं और धीरे से फुसफुसाईं:
"हे प्रभु, मैं तब तक जीवित रहूँगी, जब तक आपकी इच्छा होगी। मुझे वह देखने दीजिए, जो आपने मेरे लिए आगे रखा है।"
और उन्हें यह अंदाज़ा भी नहीं था—
परमेश्वर का सबसे बड़ा आशीर्वाद अभी भी उनके रास्ते में था।

17:

अधूरी कहानी: परमेश्वर का उपहार

"हर साँस में था एक सवाल छुपा,
क्यों हर आँधी में बचा लिया?
क्या कोई अधूरी डगर बाकी है,
या आशीर्वाद का कोई और सफर बाकी है?"

ईवलिन अक्सर सोचती थीं कि परमेश्वर ने उन्हें हर तूफान से क्यों बचाया। वह दो बार मौत के दरवाज़े तक पहुँच चुकी थीं। ब्रेन सर्जरी के दर्दनाक अनुभव से गुज़र चुकी थीं, कमजोरियाँ झेल चुकी थीं, और बुढ़ापे की परछाइयों को करीब आते देख चुकी थीं।

तो फिर क्यों परमेश्वर ने उन्हें और अधिक वर्षों का उपहार दिया था? क्या उनकी भूमिका पूरी नहीं हो चुकी थी? क्या उन्होंने पर्याप्त जीवन नहीं जिया था?

लेकिन परमेश्वर की योजनाएँ अक्सर इंसान की समझ से कहीं बड़ी होती हैं। और अब, ईवलिन यह जानने वाली थीं कि उन्हें जीवित क्यों रखा गया था।

एक कॉल जिसने सब कुछ बदल दिया

22 नवंबर की सुबह। ईवलिन की बहू, एस्तेर, अस्पताल में भर्ती थी। शीबा और सुचित ने यह सुनिश्चित किया था कि डिलीवरी के लिए सारी तैयारी ठीक हो।

रात उम्मीद और इंतजार में बीती। पूरा परिवार बेचैन था—उनके दिल उत्साह और हल्की घबराहट से भरे हुए थे।

पर उस इंतजार के पीछे एक और कहानी थी। कुछ महीने पहले, जब एस्तेर ने गर्भधारण किया, तो एक नियमित जाँच के दौरान डॉक्टर ने उन्हें बुलाकर कहा था,

"एस्तेर... कुछ रिपोर्ट्स में संकेत मिले हैं कि यह बच्चा Down Syndrome से पीड़ित हो सकता है। मैं आपको सलाह दूँगी कि सोच-समझकर निर्णय लें। यदि चाहें तो आप abortion का विकल्प चुन सकते हैं।"

कमरे में कुछ पल के लिए शांति छा गई थी। मगर सुचित ने डॉक्टर की आँखों में सीधा देखा और बिना हिचक बोले,

"डॉक्टर साहब, हम इस बच्चे को एक त्रुटि नहीं, बल्कि एक आशीर्वाद मानते हैं। चाहे जैसी भी स्थिति हो, यह हमारे लिए परमेश्वर का उपहार है—और हम इसे पूरी श्रद्धा और प्रेम से स्वीकार करेंगे।"

एस्तेर की आँखों में आँसू थे, मगर उसमें डर नहीं, दृढ़ता थी। उसने धीमे स्वर में कहा, *"कुछ ही महीने पहले चर्च की आराधना के दौरान एक भविष्यवाणी हुई थी—कि बहुत जल्द मेरे गर्भ से एक संतान जन्म लेगी। यह वही संतान है। इसे त्यागना हमारे विश्वास के विरुद्ध होगा।"*

उस निर्णय के बाद हर दिन प्रार्थनाओं से भरा था, हर रात उम्मीद और ईश्वर पर विश्वास से। परिवार ने इस अनदेखे जीवन को न केवल स्वीकारा, बल्कि अपनी आत्मा से अपनाया।

अगली सुबह, 22 November 2022 - ठीक 10:15 बजे,

ऑपरेशन थियेटर की चमकदार रोशनी में, जैसे ही डॉक्टरों ने डिलीवरी शुरू की, वहाँ एक गहरी नीरवता छा गई थी। सबकी साँसें थमी थीं। और फिर, कुछ ही पलों बाद, डॉक्टर ने हल्की मुस्कान के साथ नवजात को हाथ में उठाते हुए एस्तेर से कहा—

"एस्तेर यह तुम्हरा बेटा तो बिल्कुल ठीक दिख रहा है।"

एस्तेर ने कांपते होठों से बस इतना कहा,

धन्यवाद यीशु। तू सच्चा है। तू वादा निभाने वाला परमेश्वर है।"

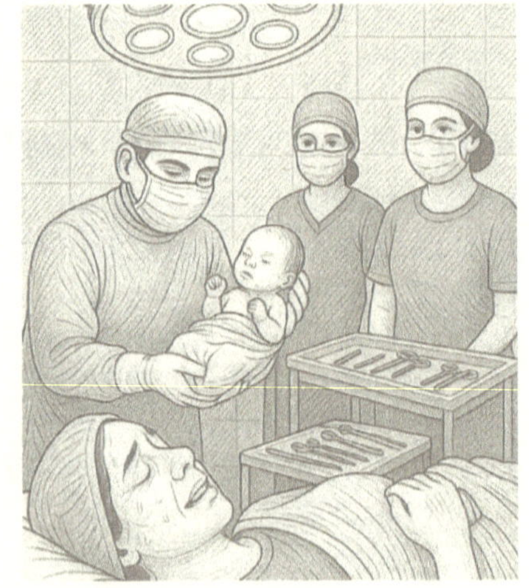

ठीक 10:30 बजे, ईवलिन का फोन बजा।

फोन उठाते ही शीबा की उत्साह से भरी आवाज सुनाई दी।

"पापा! मम्मी! लड़का हुआ है!"

एक पल के लिए तो यह शब्द अवास्तविक से लगे।

जॉर्ज ने फोन को थोड़ा कसकर पकड़ा।

"क्या... क्या कहा तुमने?" उनकी आवाज में स्थिरता तो थी, पर उसमें एक हल्का कंपन भी था।

"एस्तेर ने बेटे को जन्म दिया है!" शीबा की आवाज खुशी से झूम रही थी।

"सुचित, किट्टी दीदी और रेजी चाचा सब यहाँ अस्पताल में हैं। बच्चा स्वस्थ है—वह आ गया, पापा!"

खिड़की के पास बैठी ईवलिन ने झटके से गर्दन घुमाई। उसकी साँस अटक गई।

"शीबा... क्या यह सच है?" उसने काँपते हाथों से अपनी साड़ी को कसकर पकड़ लिया।

"हाँ मम्मी! आप दादी बन गई हैं!

एक पल के लिए ईवलिन कुछ नहीं बोली।

उसका दिल ज़ोरों से धड़क रहा था। साँस हल्की-हल्की चल रही थी।

हज़ारों भावनाएँ उसके भीतर उमड़ पड़ीं—खुशी, अविश्वास, कृतज्ञता... और कुछ और गहरा।

यही वह पल था। यही वह कारण था जिसके लिए परमेश्वर ने उसे जीवित रखा था। उसके बेटे की लंबे समय की प्रार्थना का उत्तर मिल चुका था। उसकी आँखों में आँसू आ गए। उसने काँपते हुए हाथ से अपने मुँह को ढक लिया। जॉर्ज भी कुछ पल चुप रहे, फिर गहरी साँस लेकर धीरे से बोले, "परमेश्वर का शुक्र है... इस उपहार के लिए

परमेश्वर का शुक्रिया।"
"सूचित आपको अस्पताल ले जाने आ रहा है," शीबा ने जानकारी दी।
"तैयार हो जाइए, मम्मी!"
ईवलिन ने सिर हिलाया। उसकी उँगलियाँ अभी भी हल्की-हल्की काँप रही थीं जब उसने अपनी शॉल को थामा।
उसने जॉर्ज की ओर देखा, जो उसे शांत आँखों से देख रहे थे।
वे समझ गए थे।
किसी भी शब्द की ज़रूरत नहीं थी।
"ईवलिन... चलो," उन्होंने धीरे से कहा और उसके हाथ पर अपना हाथ रख दिया।
ईवलिन मुस्कुराई। उसकी आँखें कृतज्ञता से छलक रही थीं।
कुछ ही पलों के बाद बेटा आ गया, वे अस्पताल की ओर रवाना हो चुके थे।
सफर कभी खत्म न होने वाला लग रहा था।
ईवलिन पिछली सीट पर चुपचाप बैठी थीं, उनके हाथ आपस में जुड़े हुए थे, जैसे वह किसी गहरी प्रार्थना में लीन हों।
"प्रभु, आपने मुझे मेरी माँग से कहीं अधिक दिया है," उन्होंने धीमे से

फुसफुसाया। "आपने मुझे बचाया, यहाँ तक पहुँचाया... और अब आपने मेरी एक ऐसी इच्छा पूरी कर दी है।"
गाड़ी की खिड़की से बाहर देखते हुए, उनकी आँखें धुंधली रौशनी और तेज़ी से गुज़रती सड़कों पर टिक गईं। उन्होंने उन अनगिनत पलों को याद किया जब सर्जरी के बाद
वह अक्सर अपनी जिंदगी को लेकर सवाल करती थीं।
"मैं अब भी यहाँ क्यों हूँ?"
और अब, उन्हें अपने सवाल का जवाब मिल गया था।
वह यहाँ इस चमत्कार को देखने के लिए थीं।
वह यहाँ इस आशीर्वाद को अपनी बाहों में भरने के लिए थीं।

वह यहाँ अपने परिवार की कहानी के अगले अध्याय की गवाह बनने के लिए थीं।

जब वे अस्पताल पहुँचे, तो सुचित जल्दी से गाड़ी से उतरा और अपने माता-पिता को अंदर ले जाने लगे। मातृत्व वार्ड में नन्हे शिशुओं की मद्धम आवाज़ें, फर्श पर चलती कदमों की धीमी आहट, और हल्की-फुल्की फुसफुसाहट गूँज रही थी।

जैसे ही वे गलियारे में आगे बढ़े, उन्होंने किटी, चाचा, और शीबा को कमरे के बाहर खड़े देखा। शीबा की नज़र पड़ते ही वह तेज़ी से उनकी ओर दौड़ी।

"मम्मी, पापा!" उसने आवाज़ दी, ईवलिन के हाथ थामते हुए। *"जल्दी आइए, वह आपका इंतज़ार कर रहा है!"* ईवलिन का दिल तेज़ी से धड़कने लगा।

जैसे ही वे कमरे में दाखिल हुए, अस्पताल की हल्की रौशनी बिस्तर पर लेटी एस्तेर पर पड़ी। वह थकी हुई थी, लेकिन उसकी आँखों में माँ बनने की चमक थी।

और उसकी बाँहों में...

एक नन्हीं, कोमल ज़िंदगी।

ईवलिन की सांसें जैसे थम गईं। उनका पोता।

वह क्षण, जो अब तक सिर्फ उनकी प्रार्थनाओं में था, अब उनके सामने हकीकत बनकर मौजूद था।

वह धीरे-धीरे आगे बढ़ीं, उनकी आँखें उस नन्हे चेहरे पर टिकी थीं, जो सफेद कंबल में लिपटा हुआ था।

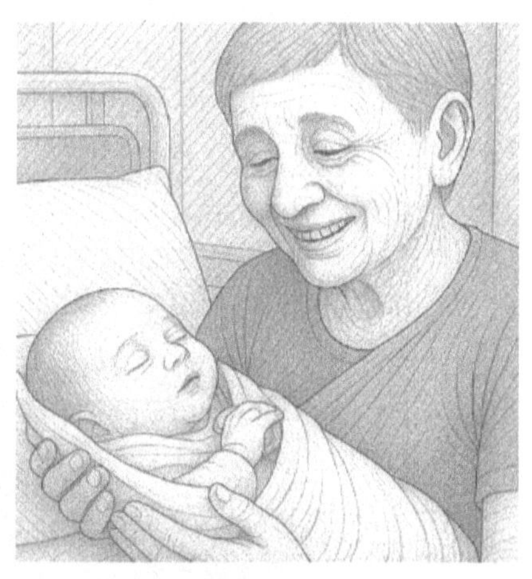

छोटी-छोटी उँगलियाँ। शांत चेहरा। एक नन्हीं सी जान, जो उनकी ही धड़कनों का एक हिस्सा थी। सुचित ने अपनी माँ के कंधे पर हाथ

रखा। उनकी आवाज़ भावनाओं से भरी हुई थी।

"मम्मी, पापा... यह आपका पोता है।" ईवलिन का दिल भर आया। उनकी आँखों से आँसू छलक पड़े।

वह कुछ कह नहीं पाईं।

वह बस आगे बढ़ीं और काँपते हुए हाथों से उस छोटे से माथे को छुआ।

जवाब मिल गया था

ईवलिन ने कभी परमेश्वर से यह सवाल पूछा था कि उन्हें और समय क्यों दिया गया। अब उन्हें जवाब मिल गया था।

उन्हें इस चमत्कार को देखने के लिए जिंदा रखा गया था। उन्हें इस आशीर्वाद को महसूस करने का अवसर दिया गया था। उन्हें अपने परिवार की अधूरी कहानी को पूरा होते देखने का मौका दिया गया था।

"प्रभु, अब मैं समझ गई," उन्होंने धीमे से फुसफुसाया, और उनके आँसू उनके गालों पर बहने लगे।

अब उन्होंने सब कुछ देख लिया था।

उस नन्हे चेहरे में, उन्होंने एक ऐसा भविष्य देखा, जिसे वह खुद नहीं देख पाएँगी—लेकिन जिसने उनका प्रेम और उनकी दुआओं को अपने साथ आगे बढ़ा लिया था।

उन्होंने परमेश्वर की योजना को अपने सामने साकार होते देख लिया था। जैसे ही वह वहीं खड़ी थीं, उन्होंने देखा कि जॉर्ज अपने पोते को काँपते हाथों से उठाए हुए थे। सुचित की आँखों में गर्व की चमक थी।

नन्हा बच्चा हल्का सा हिला। उसकी छोटी उँगलियाँ धीरे से सिकुड़ गईं—जैसे अपनी दादी की उस दुआ को थामने की कोशिश कर रहा हो, जो उसे तब मिली थी जब वह दुनिया में भी नहीं आया था।

ईवलिन मुस्कुराईं। उन्होंने जान लिया था कि परमेश्वर ने उनकी कहानी को एक परिपूर्ण अंत दे दिया है।

18:

एक अनंत बंधन – 52 वर्षों की स्वर्णिम शादी और 82 वर्षों का प्रेरणादायक जीवन

25 मई साल 2023

हॉल में हल्की सुनहरी रोशनी छाई हुई थी, जो होटल किंगशिप, लखनऊ में इकट्ठा हुए मेहमानों पर एक मधुर आभा बिखेर रही थी। हँसी-मज़ाक और धीमी-धीमी फुसफुसाहटों की आवाज़ें वातावरण में गूँज रही थीं। परिवार के सदस्य, करीबी रिश्तेदार, भतीजे-भतीजियाँ और प्रिय मित्र अपनी-अपनी जगह पर बैठ चुके थे। उनकी नज़रें बार-बार हॉल के केंद्र में बैठे एक बुजुर्ग दंपत्ति पर जा टिकतीं—ईवलिन और जॉर्ज पर।

52 साल बीत चुके थे। एक पूरा जीवन जैसे गुज़र गया था, जब ईवलिन और जॉर्ज ने हाथ थामकर इस सफर की शुरुआत की थी। लेकिन यह सिर्फ सालों की गिनती भर नहीं था। यह रास्ता था—विश्वास, धैर्य, और निस्वार्थ बलिदानों से सजा हुआ।

हर दिन आसान नहीं था। जॉर्ज कभी-कभी कठोर और अपने फैसलों में सख्त हो जाते थे। उनके भीतर एक दृढ़ता थी, जो बाहर से भारी पड़ती थी। वहीं, ईवलिन कभी-कभी बाहर से नाज़ुक दिखतीं, लेकिन उनके भीतर अद्भुत शक्ति थी। वो चुपचाप सहन करतीं, हर कठिनाई को अपने विश्वास और शांति से थाम लेतीं।

कई बार उनके बीच मतभेद हुए, परिस्थितियों ने उन्हें अलग दिशाओं में खींचने की कोशिश की। लेकिन जब भी तूफान ने उनके रिश्ते को हिलाना चाहा, उन्होंने एक ही सहारा लिया—प्रार्थना। परमेश्वर के प्रति उनका अटूट विश्वास वह डोर थी, जिसने हर बार उन्हें एक-दूसरे से जोड़े रखा।

दोनों ने कई बार समझौते किए, अपने अहंकार को त्यागा, और मसीह में अपने रिश्ते को फिर से संवारने का प्रयास किया। यही समर्पण और परमेश्वर का डर उनके रिश्ते की नींव था।

आज का दिन सिर्फ समय का जश्न नहीं था, बल्कि उन संघर्षों और समझौतों का उत्सव था, जिसने उन्हें 52 साल तक एक अटूट बंधन में बांधे रखा। यह उनकी साझी यात्रा की गवाही थी— प्रेम, क्षमा, और बलिदान की यात्रा।

ईवलिन ने अपने सलवार सूट का दुप्पट्टा ठीक करते हुए जॉर्ज की ओर देखा। वह अपनी आदतन शांत मुद्रा में बैठे थे, अपने हाथ गोद में रखे हुए, और कमरे में मुस्कुराते हुए चारों ओर देख रहे थे। उनकी नज़रें मिलीं, और कुछ पल के लिए दोनों ने बिना कुछ कहे ही एक-दूसरे को समझ लिया— वह समझ, जो पाँच दशकों के साथ से बनी थी।

"52 साल, आपको यकीन होता है क्या ?" ईवलिन ने हल्की मुस्कान के साथ पूछा, जिसमें पुरानी यादों की मिठास और हैरानी दोनों थी।

"हाँ, होता है," जॉर्ज ने स्थिर आवाज़ में जवाब दिया। "ज्यादा लंबा नहीं लगा, है ना?"

ईवलिन हल्के से हँसीं। "कुछ दिन ज़रूर लंबे लगे थे," उन्होंने शरारत भरी मुस्कान के साथ कहा।

जॉर्ज ने मुस्कुराते हुए उनकी ओर देखा, पर कुछ नहीं कहा। दोनों जानते थे कि वह किसकी बात कर रही हैं।

आस्था से जुड़ा एक बंधन

शादी कभी भी परीकथाओं की तरह परफेक्ट नहीं होती, और ईवलिन ने कभी ऐसा सोचा भी नहीं था। उन्होंने हमेशा एक साधारण सच्चाई पर भरोसा किया था— *"तीन धागों वाली रस्सी आसानी से नहीं टूटती।"*

यह केवल उन दोनों का रिश्ता नहीं था। इस बंधन में परमेश्वर भी थे— हर तूफान में उनका आधार, उनका सहारा।

उनके बीच मतभेद भी हुए—विचारों में टकराव, निराशा के क्षण।

जॉर्ज, जो कम बोलने वाले व्यक्ति थे, कभी-कभी अपनी खामोशी में सिमट जाते। ईवलिन अपने धैर्य के साथ उन्हें अकेला छोड़ देतीं, लेकिन

कभी यह दूरी ज्यादा देर तक नहीं रहने देतीं।

उन्हें हमेशा एक बात पर विश्वास था—

"क्रोध को अपने साथ लेकर सोना नहीं चाहिए।"

दिन चाहे जैसे भी बीता हो, ईवलिन इस बात का ध्यान रखतीं कि रात को सुलह हो जाए।

"कल का गुस्सा कल ही रहने दो," वह हमेशा कहतीं, जब कभी जॉर्ज सुलह करने में झिझकते। "हम इस रिश्ते में साथ हैं, है ना?"

और जॉर्ज, अपने शांत तरीके से, हमेशा उनके पास लौट आते।

उनका प्यार कभी बड़े दिखावे या शायराना इज़हार में नहीं झलकता था। यह छोटे-छोटे, अनकहे कामों में दिखाई देता था—

जैसे चाय का कप भर देना, उससे पहले कि ईवलिन माँगें।

जैसे दरवाज़े पर खड़े रहकर उनका इंतज़ार करना, जब वह स्कूल से घर लौटतीं।

जैसे ईवलिन के किसी स्कूल के सरकारी काम से दूर जाना, उसका साथ देना। बहुत बार सैलरी न आपने पर उसे सपोर्ट करना।

जैसे चर्च में उनके पास बैठकर प्रार्थना में हाथ जोड़ लेना।

52 साल सीखने, समझने, माफ़ करने, और हर बार एक-दूसरे को फिर से चुनने के।

यह साल केवल कैलेंडर पर दर्ज़ तारीखें नहीं थे—यह उन पलों की कहानी थे, जिनमें प्रेम ने हर बाधा को पार किया था।

और आज, उस प्रेम का जश्न था।

जश्न की शुरुआत

हॉल में एक पवित्र सन्नाटा छा गया जब चर्च के पादरी ने माइक संभाला और दंपति के लिए एक भावपूर्ण प्रार्थना की। ईवलिन ने अपनी आँखें बंद कर लीं, उन शब्दों को आत्मसात करते हुए जो आशीर्वाद, सहनशीलता और कृतज्ञता की बात कर रहे थे—उस सफर के लिए जो उन्होंने एक साथ तय किया था।

कुछ ही क्षणों बाद, प्रार्थना गीत शुरू किया। मधुर धुनें हॉल में गूँज उठीं, मानो हर दिल को अपने प्यार भरे आलिंगन में ले रही हों।

भक्ति गीत समाप्त होते ही, वह बहुप्रतीक्षित क्षण आ गया—केक कटने का।

एक शानदार तीन-स्तरीय केक वहाँ रखा था—सफेद और सुनहरे रंगों से सजा हुआ, जो शुद्धता और शक्ति का प्रतीक था। ईवलिन और जॉर्ज

एक-दूसरे का हाथ थामे केक की ओर बढ़े। पूरे हॉल में तालियों की गूँज थी।

"52 साल! परमेश्वर ने वाकई अपनी विश्वासयोग्यता दिखाई है!" किसी ने खुशी में आवाज़ लगाई।

उनके चारों ओर उनका परिवार—बच्चे, भतीजे-भतीजियाँ, और अन्य सगे-संबंधी—खुशियों से चमकते चेहरों के साथ खड़े थे।

जॉर्ज की ओर हल्की मुस्कान के साथ देखते हुए, ईवलिन ने धीरे-से केक में चाकू रखा।

जैसे ही उन्होंने केक का पहला टुकड़ा काटा और एक-दूसरे को खिलाया, हॉल तालियों और हँसी से गूँज उठा। यह पल उनकी अब तक की यात्रा की एक मिठास भरी झलक था।

जब वे पलटकर अपने मेहमानों की ओर देखे, तो ईवलिन की नजरें उन परिचित चेहरों पर ठहर गईं, जो प्यार और भावनाओं से भरपूर थीं— उनके बच्चे, भतीजे-भतीजियाँ, चर्च परिवार।

इन सभी ने ईवलिन के जीवन से कुछ न कुछ पाया था।

आज, जब उन्होंने चारों ओर देखा, तो उन्हें अहसास हुआ कि उनकी जिंदगी का हर बलिदान सार्थक था।

यह शाम केवल एक सालगिरह का जश्न नहीं थी। यह एक बेटे का प्यार, समर्पण और सम्मान का प्रतीक था। ईवलिन के बेटे ने इस खास दिन के लिए पूरी तैयारी की थी। वह चाहता था कि इस जश्न में उसके माता-पिता को सबसे अच्छा अनुभव मिले—एक ऐसा दिन जिसे वे कभी न भूलें।

डिनर हॉल में मेजों पर खूबसूरत कैंडल होल्डर और फूलों की सजावट थी। वेटर्स मेहमानों का स्वागत करने के लिए तैयार थे। जैसे ही केक कटने का समारोह समाप्त हुआ, मेहमानों को रात्रिभोज के लिए आमंत्रित किया गया।

कॉकटेल काउंटर पर लोग ठंडे और ताजगी भरे पेय - ओरिएंट एक्सप्रेस, सॉफ्ट ड्रिंक की विविधता, और मोजिटो का आनंद ले रहे थे। इसके साथ ही स्टार्टर्स की प्लेट्स लाई जाने लगीं:

चिकन टिक्का, चिली चिकन, फिश फिंगर, पनीर टिक्का, वेज लुम्पिया, कॉर्न सॉल्ट एंड पेपर, वेज क्रोकेट्स

बच्चे फिश फिंगर और पनीर टिक्का लेकर घूम रहे थे, जबकि बड़े मसालेदार स्टार्टर के फ्लेवर का आनंद ले रहे थे।

खाने का इंतजाम लाजवाब है!" एक मेहमान ने मुस्कुराते हुए कहा।

फिर सूप काउंटर पर लाइन लगने लगी:

यहाँ लोग पीकिंग चिकन सूप की गर्म भाप का आनंद लेते हुए बातें कर रहे थे।

साइड में सजे थाउजैंड आइलैंड सेलेड, रशियन सेलेड, ग्रीन सेलेड, और मिक्स वेज रायता भी ध्यान खींच रहे थे।

जैसे-जैसे रात बढ़ी, मुख्य व्यंजन कड़ाही पनीर, मिक्स वेज, भिंडी दो प्याज़ा, तड़का दाल, जीरा राइस, नूडल्स, वेज मंचूरियन ग्रेवी, बटर चिकन, मटन खड़ा मसाला, चिकन बिरयानी, और नान, तंदूरी और बटर रोटी परोसे जाने लगे।

पूरा हॉल महक उठा। बटर चिकन की खुशबू और बिरयानी के मसालों की सुगंध माहौल को और खुशनुमा बना रही थी।

"भैया, मुझे और पनीर की सब्ज़ी दो!" बच्चों की मासूम आवाजें माहौल में चहक रही थीं।

स्वादिष्ट मिठाइयाँ – मीठे अंत का आनंद

अंत में, मिठाइयाँ भी परोसी गईं:

इमरती रबड़ी के साथ, मूँग दाल हलवा, गुलाब की खीर (गुलाब की

पंखुड़ियों के साथ), वनीला आइसक्रीम, और बटरस्कॉच आइसक्रीम रबड़ी के साथ गरमागरम इमरती और गुलाब की खुशबू वाली खीर ने सभी का दिल जीत लिया।

एक यादगार शाम

जश्न चलता रहा—किस्से बाँटे गए, हँसी की फुहारें छूटीं, और पुराने यादगार पल एक बार फिर ताजा हो गए।
फिर उनके भतीजे और भतीजियाँ आगे आए। और उनके गिफ्ट देने लगे।
"फूफो, आप हमारे लिए सिर्फ एक फूफो नहीं रहीं," उनके एक भतीजी ने भावुक स्वर में कहा। "आप हमारी मार्गदर्शक, हमारी ताकत, और हमारी दूसरी माँ रहीं। आज हम सिर्फ आपकी शादी का जश्न नहीं मना रहे, बल्कि उस प्यार और समझदारी का भी, जो आपने हमें दिया।"
ईवलिन की आँखें छलक पड़ीं।
यह शाम ध्यान, आभार और उस अटूट प्रेम को समर्पित थी, जो समय की हर परीक्षा में खरा उतरा था।
जैसे ही ईवलिन बैठीं, उनके दिल में कृतज्ञता की लहर दौड़ पड़ी।
उन्होंने मेज के नीचे जॉर्ज का हाथ पकड़ लिया।
"52 साल," उन्होंने हल्के स्वर में कहा।
जॉर्ज ने उनके हाथ को हल्के से दबाया और मुस्कराए।
"और गिनती जारी है।"
ईवलिन मुस्कुराईं।
यह कहानी सिर्फ उनकी नहीं थी।
यह एक आस्था की कहानी थी। एक परिवार की कहानी थी।
और यह एक ऐसी कहानी थी जो कभी नहीं भुलाई जाएगी।

19:

एक स्नेहमयी नानी और दादी

ईवलिन ने अपने जीवन में कई भूमिकाएँ निभाईं—वह एक बेटी थी, एक बहन थी, एक पत्नी, एक माँ, और एक शिक्षिका। लेकिन इन सभी में से, जो भूमिका उनके दिल के सबसे करीब थी, वह थी नानी और दादी होने की।

उनका स्नेह केवल अपने बच्चों तक सीमित नहीं था। उन्होंने अगली पीढ़ी को भी उसी गर्मजोशी, धैर्य और असीमित प्रेम से अपनाया, जो उनकी पूरी ज़िंदगी को परिभाषित करता था।

उन्होंने इस जीवन-काल की प्रतीक्षा की थी—अपने परिवार को बढ़ते हुए देखने की, छोटे-छोटे कदमों को घर में दौड़ते देखने की, और उन मासूम हँसी की गूंज सुनने की, जो किसी मधुर संगीत जैसी लगती थी। और जब यह समय आया, तो उन्होंने इस भूमिका को पूरे दिल से अपनाया।

नाती और पोते – उनके जीवन की रौशनी

ईवलिन अपने नाती-नातिन से बेहद लगाव रखती थीं, और हर एक का उनके दिल में एक खास स्थान था। उनकी ममता, उनकी देखभाल और उनके बचपन की कहानियों का खज़ाना हर बच्चे के लिए खुला रहता था। उनकी नतीने —**सामंथा, एंजेला, शनायरा,** और नाती **एनॉश** ने उनके जीवन में एक नई तरह की खुशी भर दी थी। लेकिन उनमें से सबसे गहरी आत्मीयता, एंजेला के साथ थी।

यह रिश्ता शब्दों से परे था—एक ऐसा जुड़ाव, जो दूरी और समय की सीमाओं को नहीं मानता था। जब भी एंजेला स्कूल के लिए दूर जाती, ईवलिन का मन हमेशा उसके साथ रहता।

वह उसके लिए चिंता करतीं, उसकी सफलता के लिए प्रार्थना करतीं, और उसकी छुट्टी में घर लौटने की बेसब्री से प्रतीक्षा करतीं।

"मम्मी, आप हर बार एंजेला की इतनी फिक्र क्यों करती हैं?"   शीबा

कभी-कभी चुटकी लेती। ईवलिन हल्की मुस्कान के साथ जवाब देतीं, *"माँ का दिल है, बेटा। इसे समझने की ज़रूरत नहीं, इसे महसूस करने की बात है।"*

नन्हा प्यार – उनका पोता सैम

जब सुचित का बेटा सैम पैदा हुआ, तो ईवलिन की खुशी आसमान की नई ऊँचाइयों पर पहुँच गई। उनका बेटा अब एक पिता बन चुका था, और ईवलिन को सैम के मासूम चेहरे में सुचित के बचपन की झलक दिखाई देती थी। उनके लिए, सैम सिर्फ एक पोता नहीं था।

वह एक आशीर्वाद था, एक तोहफ़ा, जिसे देखने और महसूस करने के लिए परमेश्वर ने उन्हें जीवित रखा था।

वह देखती थीं, कैसे उनका बेटा एक पिता में रूपांतरित हो रहा है। और उनके दिल को यह सुकून था कि जो मूल्य उन्होंने अपने बेटे को सिखाए थे, वे अब सैम के ज़रिये आगे बढ़ेंगे।

गुड़िया, पिंकी, किट्टी, बिब्बो – उनकी अगली पीढ़ी

क्रिसमस के दौरान, भतीजे-भतीजियाँ भी अपने बच्चों के साथ ईवलिन से मिलने आते।

गुड़िया अपने पति अमर और बेटा अमन और अर्पण के साथ आतीं, पिंकी अपने पति संजय बेटी सृष्टि के साथ आतीं, किट्टी अपने पति जोसेफ बेटा जय और बेटी जैस्सिका के साथ आतीं, बिब्बो अपने पति आइवन और बेटी अंशी और बेटा अभी के साथ आतीं, सैमी अपनी पत्नी

एनी और बेटा जेसन के साथ आते, और जिम्मी अपनी पत्नी शैली और बेटा जॉय और सन्ना के साथ, आशु और रेबेका अपने बच्चे आशीष और अभिषेक के साथ और छोटू अपने परिवार के साथ आते।

विली अपने परिवार के साथ विदेश में बस गया था, लेकिन जब कभी भी आता तो फुप्पो और फुप्पा से ज़रूर मिलता ।

सभी भतीजे-भतीजियाँ अपनी छोटी फुफ्फो को बेहद सम्मान देते थे, और उनके साथ हँसी-मज़ाक का सिलसिला कभी खत्म नहीं होता था।

घर में एक बार फिर वही हँसी-मज़ाक, कहानियाँ, और शरारतों का दौर शुरू हो जाता था, जैसे पुराने दिनों में हुआ करता था।

बच्चों की मासूम हँसी और ईवलिन के आशीर्वाद से भरे शब्द घर में गूंजते रहते।

ईवलिन अक्सर अपने पास बैठे गुड़िया, पिंकी, किट्टी, और बिब्बो की ओर देखकर मुस्कुरातीं। उनकी आँखों में अपने पूरे परिवार को एक साथ देखकर जो खुशी झलकती थी, वह शब्दों में बयान नहीं हो सकती थी।

एक दिन, जब सब एक साथ बैठे थे, ईवलिन अचानक गहरी सोच में डूब गईं। थोड़ी देर बाद उन्होंने हल्के स्वर में कहा,

"आज तुम्हारे पापा होते तो इतना बड़ा परिवार एक साथ देखकर कितने खुश होते।"

उनकी आवाज़ में एक हल्की कंपकंपी थी, मानो उस वक्त वह अतीत की किसी गहरी याद में खो गई हों। कमरे में कुछ पल के लिए खामोशी छा गई, और सभी ने उनकी बात महसूस की।

पिंकी ने उनका हाथ पकड़ते हुए कहा,

"फुफ्फो, पापा भले हमारे साथ न हों, लेकिन उनकी प्रार्थनाएँ और उनकी दी हुई सीख हमारे साथ हमेशा रहेंगी। और आपका प्यार हमें जोड़े रखता है।"

ईवलिन की आँखों में हल्की नमी आ गई, लेकिन वह मुस्कुराईं।

"हाँ बेटा, तुम्हारा प्यार ही मेरे लिए सबसे बड़ा सहारा है। परमेश्वर ने हमें इस परिवार में जोड़कर जो आशीर्वाद दिया है, वह सबसे बड़ी दौलत है।"

ईवलिन ने अपने बच्चों को बड़ा होते देखा, माता-पिता बनते देखा, और अपने-अपने परिवार बसाते हुए देखा। उनकी आँखों ने उन लम्हों

को जिया, जब नन्हे कदम घर की चौखट पार करते हुए दौड़ते थे, और बच्चों की खिलखिलाहट से घर गूँज उठता था।

उन्होंने अपना पूरा जीवन दूसरों को सँवारने में बिता दिया—दिया, सहेजा, और हर पल अपनों की रक्षा की।

अब, अपनी जीवन संध्या में, उनका दिल संतोष और प्रेम से भरा हुआ था।

उसका प्रेम—एक अमिट विरासत

ईवलिन के लिए दादी या नानी होना केवल अगली पीढ़ी को बढ़ते देखना भर नहीं था—यह एक ऐसा धागा बनने की जिम्मेदारी थी, जो पूरे परिवार को जोड़ता रहे।

उनके प्रेम में कोई शर्त नहीं थी, कोई दिखावा नहीं था—बस निस्वार्थ स्नेह की ऐसी धारा थी, जो हर दिल को छू जाती।

और जब तक वे जीवित रहीं, उनका यह प्रेम कभी धुंधला नहीं हुआ।

वह एक ऐसी विरासत थी, जो पीढ़ी दर पीढ़ी अमर हो गई।

20:

शब्दों से परे एक बंधन

साल 2024 के अंतिम महीने ईवलिन के लिए बहुत कठिन साबित हुऐ।

उनका शरीर अब पहले जैसा नहीं रहा था। कुछ दिन तो ऐसे होते, जब उनकी यादें धुंधली हो जातीं, जैसे कोई लहर किनारे से टकराकर वापस लौट जाए। और फिर कुछ दिन ऐसे भी होते, जब वे अचानक इतनी मजबूत लगतीं कि देखकर लगता मानो सिर्फ उनकी इच्छाशक्ति ही उन्हें जीवित रख रही हो।

लेकिन चाहे शरीर जितना भी कमजोर हो गया हो, उनका दिल अब भी उतना ही मजबूत था—खासतौर पर जब बात जॉर्ज की होती।

उन्होंने एक साथ पूरी जिंदगी बिताई थी—पाँच दशकों से भी ज्यादा का साथ कुल मिलकर 53 सालों का बंधन।

उन सालों में मुश्किलें आईं, खुशियाँ आईं, लेकिन उनका रिश्ता हमेशा उतना ही गहरा रहा। और अब, उम्र ने भले ही उनके शरीर को थका दिया हो, पर उनका आपसी बंधन पहले जितना ही गहरा था।

एक अनजाना सन्नाटा

उस साल, अप्रैल के महीने में जॉर्ज को सर्जरी के लिए अस्पताल में भर्ती कराना पड़ा।

डॉक्टरों ने ऑपरेशन की सलाह दी थी, लेकिन 88 साल की उम्र में उनका शरीर पहले से ही बहुत कमजोर था, और सर्जरी में जोखिम था।

इसी बीच, ईवलिन की भी हालत नाजुक थी। परिवार ने फैसला लिया कि उन्हें इस बात की जानकारी नहीं दी जाएगी।

उन्हें डर था कि अगर ईवलिन को पता चला तो चिंता उनकी हालत और बिगाड़ सकती है।

लेकिन ईवलिन सब जानती थीं।

उन्हें कुछ बताने की जरूरत नहीं पड़ी। वह महसूस कर सकती थीं।

माँ का छठी इंद्रिय जैसा एहसास

कुछ दिन बाद, जब जॉर्ज को अस्पताल में भर्ती हुए कुछ समय बीत चुका था, ईवलिन अपने कमरे के दरवाज़े के पास बैठी थीं। उनका चेहरा शांत था, लेकिन आँखों में कहीं एक बेचैनी थी।

रिंकू उनके पास बैठी थीं, कोशिश कर रही थीं कि उनकी बातों में ईवलिन का ध्यान बँटा रहे। लेकिन ईवलिन अस्थिर लग रही थीं।

फिर अचानक, उन्होंने रिंकू की ओर देखा।

उनकी आँखों में एक गहरी चमक थी—एक ऐसा संकल्प, जो कमजोर शरीर के बावजूद पूरी ताकत से झलक रहा था।

"मुझसे कोई बात छुपा तो नहीं रहे?" ईवलिन ने अचानक पूछा।

उनकी आवाज़ धीमी थी, लेकिन उसमें कुछ ऐसा था जो सुनने वाले को चुप करा दे।

रिंकू थोड़ी सहम गईं।

"तुम्हारे पापा ठीक तो हैं?"

ईवलिन ने फिर पूछा। इस बार उनकी आवाज़ में थोड़ी और चिंता थी। कमरे में एक पल के लिए गहरा सन्नाटा छा गया।

रिंकू ने नजरें चुराते हुए हल्के से कहा, *"वो थोड़े बीमार हैं, मम्मी... लेकिन चिंता की कोई बात नहीं है। जल्दी ठीक हो जाएँगे।"*

ईवलिन की चिंता - अनकही बातों का एहसास

ईवलिन की कमजोर उँगलियाँ आमरेस्ट को कसकर पकड़ने लगीं। उन्होंने धीरे से गहरी साँस ली, मानो खुद को भीतर से मजबूत कर रही हों।

"सच बताओ... उनकी तबीयत बहुत ज़्यादा तो नहीं बिगड़ गई?"

कोई जवाब देने की जरूरत नहीं पड़ी।

ईवलिन को पहले ही सब समझ आ गया था।

उनका रिश्ता सिर्फ शब्दों पर आधारित नहीं था।

उनके बीच जो बंधन था, उसने उन्हें हमेशा एक-दूसरे की तकलीफ महसूस कराई थी, भले ही दूर हों या पास।

और अब, वे उसी बंधन के सहारे महसूस कर चुकी थीं कि जॉर्ज के साथ कुछ गंभीर हो रहा है।

उनका दिल बेचैन था, लेकिन उनकी आस्था हमेशा की तरह अडिग।

संघर्ष की जंग

जॉर्ज की सर्जरी सफल रही, और उन्हें ऑपरेशन के बाद देखभाल के लिए एक प्राइवेट रूम में शिफ्ट कर दिया गया।

लेकिन अगली सुबह सब कुछ बदल गया।

बिना किसी चेतावनी के, उनकी हालत अचानक बिगड़ गई।

उनकी साँसें भारी हो गईं। आँखें धुंधली थीं, जैसे वे दुनिया से कट गए हों। वे किसी से नज़रें भी नहीं मिला पा रहे थे।

तभी डॉक्टरों की एक टीम दौड़ती हुई कमरे में आई। उनकी आवाज़ें घबराहट और तत्परता से भरी हुई थीं।

"उन्हें तुरंत आईसीयू में शिफ्ट करो!" एक न्यूरोलॉजिस्ट ने सख़्ती से नर्स को आदेश दिया।

कुछ ही पलों में, जॉर्ज को **BiPAP** मशीन पर रख दिया गया ताकि उनकी साँसों को सहारा मिल सके।

अगले दो दिन, उनका शरीर लगातार इस जंग से जूझता रहा।

88 साल की उम्र में सर्जरी के बाद रिकवरी अपने आप में एक चुनौती थी।

लेकिन इतनी गंभीर जटिलताओं के बाद आईसीयू से वापस लौट आना? यह किसी चमत्कार से कम नहीं था।

परिवार के सदस्य बस निहारते रहे, उनके लिए प्रार्थना करते रहे। हर कोई जानता था कि वे कितने करीब आ गए थे उन्हें खोने के।

एक अटूट बंधन

इस पूरी स्थिति से अनजान, ईवलिन घर पर ही थीं।

लेकिन उन्होंने इसे महसूस किया। हर दिन वे उनके बारे में पूछतीं। उनके बच्चों की आवाज़ों में छिपी बेचैनी को वे भाँप जातीं।

"सच बताओ, तुम मुझसे कुछ छुपा तो नहीं रहे?" वे बार-बार पूछतीं।

उनका दिल जॉर्ज से ऐसा जुड़ा था कि वह बंधन किसी शब्द, किसी दूरी, किसी तर्क की सीमाओं से परे था।

जब वे प्रार्थना करतीं, तो सबसे पहले जॉर्ज के लिए करतीं। अपनी गिरती सेहत के बावजूद, उनका पूरा ध्यान सिर्फ अपने पति पर था।

एक प्रेम, जिसे शब्दों की ज़रूरत नहीं थी

आख़िरकार, जब जॉर्ज ख़तरे से बाहर आ गए, तो परिवार ने ईवलिन को उनसे मिलवाने का फ़ैसला किया।

सुचित ने धीरे-धीरे अपनी माँ को कार में बैठाया। उनका शरीर भले ही कमजोर था, लेकिन उनकी आत्मा अब भी दृढ़ थी।

जैसे ही ईवलिन अस्पताल के कमरे में पहुँचीं, उनकी आँखें सीधे जॉर्ज को ढूँढने लगीं। वे उन्हें देखती रहीं—वह बिस्तर पर बैठे हुए थे, ऑक्सीजन चल था, शरीर अब भी कमजोर था, लेकिन उनकी हालत स्थिर थी।

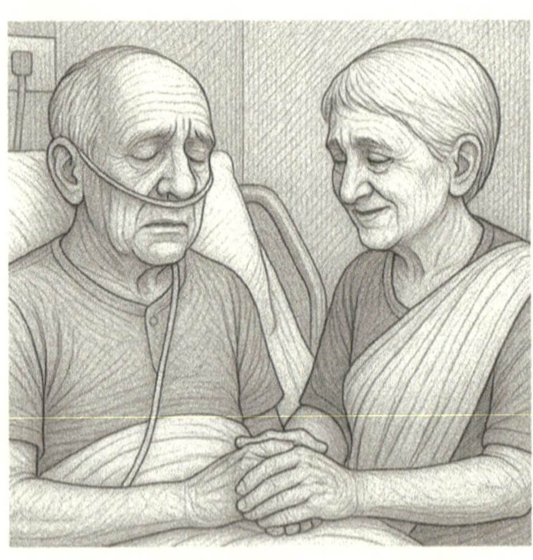

ईवलिन ने गहरी साँस ली। शायद उन्हें पता ही नहीं था कि वे अब तक कितनी घबराई हुई थीं। वे धीरे-धीरे उनकी ओर बढ़ीं। ऐसा लगा जैसे उनका अस्तित्व इसी क्षण का इंतज़ार कर रहा हो।

फिर उन्होंने जॉर्ज का हाथ थाम

लिया। *"शुक्र है प्रभु का,"* उन्होंने धीरे से फुसफुसाया। उनकी आवाज़ में गहरी कृतज्ञता थी। जॉर्ज ने, जो अब भी कमज़ोर थे, धीमे से मुस्कुरा दिया। कोई शब्द नहीं बोले गए। लेकिन ज़रूरत भी नहीं थी।

उस क्षण सब कुछ स्पष्ट था।

यह वही स्त्री थी, जिसने अपनी पूरी ज़िंदगी जॉर्ज की देखभाल में बिताई थी। जब आधी रात में जॉर्ज पानी मांगते या किसी और चीज़ की ज़रूरत होती, तब भी ईवलिन ने अपनी तबियत का ध्यान न रखते हुए उनकी आवश्यकताओं का ख्याल रखा।

उसने हमेशा उनकी रक्षा की, हर मुश्किल घड़ी में उनके साथ मजबूती से खड़ी रही। और अब, अपने जीवन के अंतिम महीनों में भी, वही समर्पण और प्रेम उसकी आँखों में झलक रहा था।

21:

हर पल को थामे रखने की कोशिश

कई हफ्तों की अस्पताल में भाग-दौड़, बेचैन रातों, और मौन प्रार्थनाओं के बाद, जॉर्ज आखिरकार घर लौट आए।

लेकिन वह पहले जैसे नहीं थे। शुरुआत में, उन्हें ऑक्सीजन कंसंट्रेटर पर रखा गया था, क्योंकि उनका शरीर अब भी उस लड़ाई से कमजोर था, जिसे उन्होंने मुश्किल से जीता था।

शीबा, रिंकू और उसकी बेटियाँ—एंजेला और सामंथा—जॉर्ज की देखभाल में लगी रहीं।

हर छोटे बदलाव पर नज़र रखते हुए, वे उनके स्वास्थ्य में सुधार की उम्मीद लगाए बैठी थीं।

वहीं, एस्तेर छोटे सैम की देखभाल करती रहीं। धीरे-धीरे, जॉर्ज की ताकत लौटने लगी।

उनकी ऑक्सीजन पर निर्भरता दिन-ब-दिन कम होती गई, और जल्द ही डॉक्टर ने वह खबर सुनाई, जिसका सबको इंतजार था।

"अब उनकी स्थिति स्थिर है ऑक्सीजन मेन्टेन हो रहा है," चेस्ट स्पेशलिस्ट ने मुस्कुराते हुए कहा। *"अब ऑक्सीजन की जरूरत नहीं पड़ेगी।"*

यह सभी के लिए राहत का पल था— लेकिन ईवलिन के लिए, यह

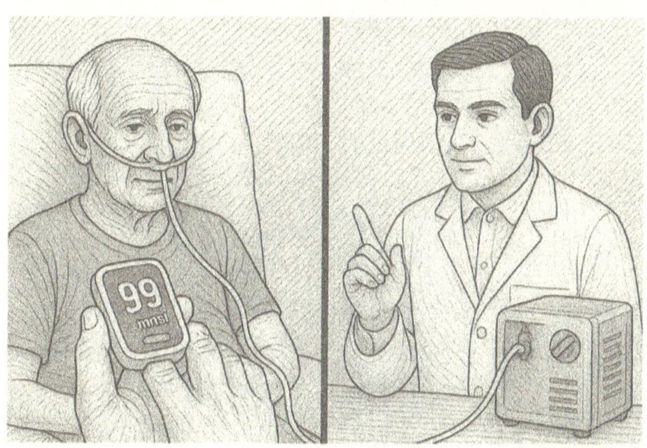

उससे कहीं ज्यादा था।

एक मजबूत बंधन – प्रेम और सहारे की कहानी

जैसे-जैसे समय बीता, ईवलिन और जॉर्ज के बीच का रिश्ता और भी गहरा होता गया। ऐसा लग रहा था मानो ईवलिन जॉर्ज के करीब रहना चाहती थीं, जैसे वह हर पल उनके साथ बिताने की चाह रखती हों।

घर के दरवाजे के पास, जहाँ ठंडी हवा हल्के से बहकर अंदर आती थी, वे दोनों अक्सर साथ बैठते थे।

उनके बीच शब्दों की ज़रूरत नहीं थी।

कई बार, जॉर्ज अपनी कुर्सी पर हल्की सी झपकी ले लेते, और ईवलिन चुपचाप उनके पास बैठकर बस उन्हें निहारती रहतीं।

कभी-कभी वे हल्की मुस्कान के साथ कहतीं, *"हम दोनों ने मिलकर 53 साल साथ गुज़ारे हैं,"*

पचास से भी अधिक वर्षों का सफर— बच्चों को पालना, कठिनाइयों से उबरना, और छोटी-छोटी खुशियों पर मिलकर हँसना।

अब, अपने शांत घर में, उनके पास सिर्फ एक-दूसरे का साथ था। और ईवलिन हर पल को अपने भीतर संजो लेना चाहती थीं।

कैरम की बाज़ी और राहत भरी हँसी

जब जॉर्ज की ऑक्सीजन हटाई गई और डॉक्टरों ने उन्हें पूरी तरह स्वस्थ घोषित किया, तो घर का माहौल अचानक हल्का और खुशनुमा हो गया। एक शाम, ईवलिन ने सबको चौंका दिया।
"आज कैरोम खेलेंगे," उन्होंने मुस्कुराते हुए घोषणा की।

कई महीनों बाद, वह कैरोम बोर्ड के सामने बैठीं। कमरे की हल्की रोशनी में उनके चेहरे की झुर्रियाँ नर्म लग रही थीं और उनकी मुस्कान में गहराई थी। जॉर्ज, हमेशा की तरह थोड़े चुटीले अंदाज़ में बोले, *"देखते हैं, अब भी तुम पहले की तरह जीत सकती हो या नहीं।"*

ईवलिन ने आँखों में चमक लिए कहा, *"जीतूँगी तो ज़रूर, लेकिन तुम चीटिंग मत करना!"*
सुचित, एस्तेर, शीबा, एंजेला और सामंथा यह सब देखकर मुस्कुरा रहे थे, और उस पल को अपने दिल में बसा रहे थे।
कई महीनों बाद पहली बार, सब कुछ सामान्य लग रहा था।

दस्तरख़्वान की यादगार शाम

कुछ हफ्तों बाद, सुचित ने एक पारिवारिक डिनर की योजना बनाई।
जब **20 अक्टूबर** को एस्तेर के जन्मदिवस की सालगिरह मनाने की योजना बनी की कैसरबाग के मशहूर **दस्तरख़्वान** रेस्तरां में डिनर करेंगे।
ईवलिन को कार से बाहर जाना हमेशा से पसंद था, और यह मौका उनके लिए ख़ास था।
वे सब साथ गए—जॉर्ज, ईवलिन, एस्तेर, शीबा, सामंथा, एंजेला और नन्हा सैम।

वह शाम हँसी-खुशी से भरपूर थी। उन्होंने केक काटा, साथ में डिनर किया, और नन्हे सैम की शरारतें।

जब वे टेबल पर एक साथ बैठे थे, ईवलिन ने अपने बेटे और बहू को मुस्कुराते हुए देखा, जो अपने जीवन के एक और साल का जश्न मना रहे थे।

उस पल, ईवलिन के दिल में एक अजीब सी शांति थी।

उन्होंने जॉर्ज की ओर देखा और धीरे से फुसफुसाईं, *"यह सब देखो, जॉर्ज... हमारी ज़िंदगी कितनी अच्छी रही है!"*

जॉर्ज ने उनके हाथ को मेज़ के नीचे हल्के से दबाया।

"और अब भी है, ईवलिन," उन्होंने कोमलता से जवाब दिया।

उस रात, जब वे घर लौटे, तो वे थके हुए थे, लेकिन उनके दिल खुशी से भरे हुए थे।

यह एक साधारण शाम थी—लेकिन उनके लिए, यह एक पूरी ज़िंदगी थी।

एक दादी का छोटा सा आनंद

कुछ दिन बाद, ईवलिन अपनी कुर्सी पर बैठी हुई थीं। पास में ही सैम खेल रहा था।

उसका दूसरा जन्मदिन आने वाला था—**23 नवंबर**।

ईवलिन ने उसे प्यार से पास बुलाया और मुस्कुराते हुए पूछा, *"सैम बेटा, बताओ, तुम अपना बर्थडे कैसे मनाने वाले हो?"*

सैम की आँखों में उत्साह चमक उठा। "मैं कैंडल ब्लो करूँगा! फिर केक काटूँगा!" उसने जोश में अपने नन्हे हाथों से मोमबत्ती बुझाने की नाटकीय एक्टिंग करते हुए कहा।

पास खड़ी एंजेला और सामंथा उसकी मासूमियत पर तालियाँ बजाने लगीं, हँसते हुए उसे छेड़ने लगीं।

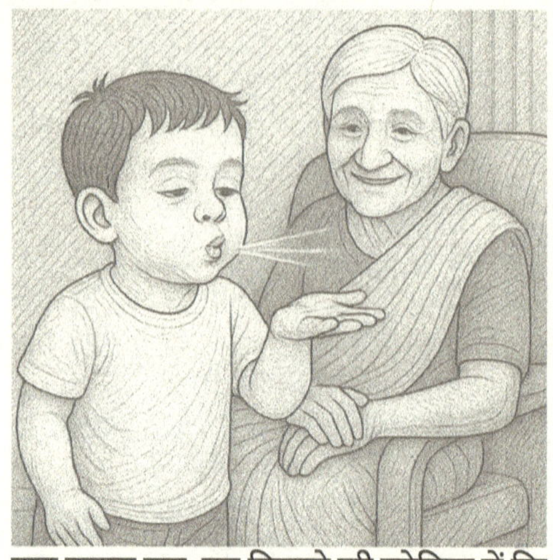

ईवलिन ने हल्के से उसे चुटकी ली, *"और गिफ्ट भी मिलेगा?"*

"हाँ!" सैम ने उत्साहित होकर सिर हिलाया। *"दादी, दादी..गिफ्ट चाहिए!"*

पूरा परिवार उसकी मासूमियत पर हँस पड़ा। सैम उछल-कूद करता रहा, यह दिखाने की कोशिश में कि वह कैसे केक काटेगा और फिर खुद के लिए तालियाँ बजाएगा।

शीबा, जो एक कोने से यह प्यारा दृश्य देख रही थीं, मुस्कुराते हुए बोलीं, *"हम सबको बुलाएँगे सैम के बर्थडे पर! इस बार बहुत धूमधाम से मनाएँगे!"*

ईवलिन ने उसकी बात पर हँसते हुए सिर हिलाया।

कमरे के दूसरे छोर पर एस्तेर और जॉर्ज एक साथ बैठे, यह दृश्य देख रहे थे। उनके चेहरे पर हल्की मुस्कान थी—एक ऐसी मुस्कान जो गहरी संतुष्टि और अपार प्रेम का प्रतीक थी।

ईवलिन चुपचाप सैम को देखती रहीं। उसकी हर हरकत को मन ही मन सँजो रही थीं। वह भी परिवार के साथ हँस रही थीं, तालियाँ बजा रही थीं। लेकिन उनके दिल के किसी कोने में कुछ और भी चल रहा था।

कुछ अनकहा। कुछ ऐसा जो वह महसूस कर रही थीं, लेकिन समझा नहीं पा रही थीं।

क्योंकि कहीं गहराई में, उन्हें एक एहसास हो रहा था—*"क्या मैं इस*

बर्थडे पर रहूँगी?" उन्होंने उस विचार को तुरंत झटक दिया।

फिर से सैम की ओर देखा। उसके उछलते-कूदते कदमों में अपनी ताकत पाई।

और उस पल, उन्होंने फैसला किया। अभी वह यहाँ थीं। और जब तक वह यहाँ थीं, वह हर एक पल को जी भरकर सँजोएँगी।

हर उस मुस्कान को, हर उस तालियों की गूँज को अपने दिल में बसा लेंगी।

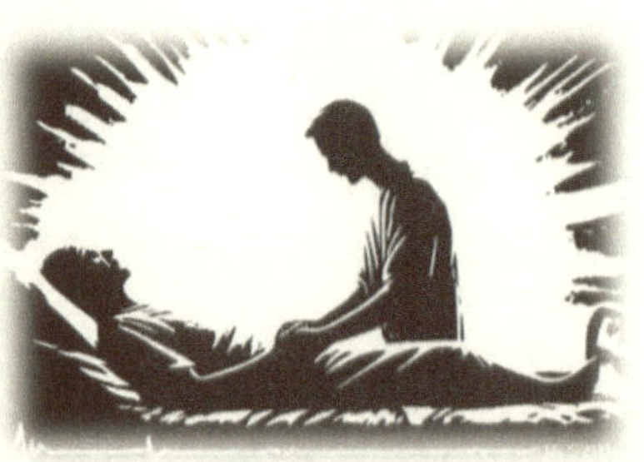

22:

मौन तूफ़ान – ईवलिन की अंतिम लड़ाई

28 अक्टूबर 2024 की एक सर्द सुबह। ईवलिन के शरीर में हल्का बुखार था, लेकिन उनकी नज़रें हमेशा की तरह शांत और चेहरे पर वही ममता भरी मुस्कान। कुछ दिनों बाद बुखार उतर गया और सबने राहत की साँस ली। लेकिन उनकी तबीयत में जो बदलाव हो रहा था, वह सिर्फ एक तूफ़ान से पहले की खामोशी थी।

उनका बेटा सुचित, जो हर छोटी-बड़ी बात पर सतर्क रहता था, ने अगले ही सप्ताह सुझाव दिया कि उनकी जाँच करवाई जाए।

6 नवंबर की सुबह, ब्लड सैंपल लिया गया। रिपोर्ट जब शाम को आई, तो एक भयंकर सच सामने आया—खून में संक्रमण था। उनकी **TLC** (टोटल ल्यूकोसाइट काउंट) रिपोर्ट सामान्य से कहीं ज़्यादा बढ़ चुकी थी। उनके किडनी का **GFR** सिर्फ़ **6** रह गया था। यह स्थिति गंभीर थी। जैसे-जैसे दिन बीत रहे थे, ईवलिन को खाने और पानी निगलने में तकलीफ होने लगी। परेशानी बढ़ने लगी।

9 नवंबर की दोपहर, उन्हें दोबारा अस्पताल ले जाया गया। डॉक्टरों ने चेकअप किया, उनका ब्लड प्रेशर मापा, और गहन जाँच के बाद सुझाव दिया कि उन्हें घर पर ही मॉनिटर किया जाए। उन्होंने कुछ दवाएँ दीं और उन्हें डिस्चार्ज कर दिया।

लेकिन अगले ही दिन...उनकी स्थिति तेजी से बिगड़ने लगी।

अस्पताल का सफर – जब समय हाथ से फिसल रहा था

वह धीरे-धीरे उस खतरनाक स्थिति की ओर बढ़ रही थीं, जिसका अंदाजा किसी को भी नहीं था।

रविवार की शाम थी, रात के करीब **8** बजे, जैसे ही सुचित और शीबा ने देखा कि ईवलिन की स्थिति लगातार बिगड़ रही है, उन्होंने तुरंत उन्हें कार में बैठाया और अस्पताल की ओर निकल पड़े।

वह दिन भी किसी और दिन की तरह ही शुरू हुआ था। लेकिन ईवलिन

के कमजोर शरीर में एक मौन तूफ़ान पनप रहा था। एक अदृश्य, धीमा, लेकिन खतरनाक तूफ़ान एक फंगल इन्फेक्शन जो उनके किडनी में, चेस्ट में और खून में अपनी जगह बना चुका था।

यह सिर्फ कमजोरी थी, या शायद साधारण थकावट।

ईवलिन ने जीवन में इससे भी बुरे दिन देखे थे, और यह उनके लिए एक और चुनौती भर थी, जिसे वह हमेशा की तरह पार कर लेंगी।

लेकिन जैसे-जैसे घंटे बीत रहे थे, उनका शरीर कमजोर होता जा रहा था।

अस्पताल पहुँचते ही डॉक्टरों की एक टीम ने उन्हें घेर लिया।

उनकी पल्स, ऑक्सीजन लेवल, और ब्लड प्रेशर चेक किया गया।

डॉक्टरों की आँखों में चिंता और माथे पर बल थे।

और फिर **वह क्रूर सच्चाई सामने आई। सेप्सिस। क्रॉनिक किडनी डिज़ीज़। न्यूमोनाइटिस। कैंडिडा फंगल संक्रमण।**

ये चार जानलेवा समस्याएँ अब ईवलिन के कमजोर शरीर को चारों ओर से घेर चुकी थीं। डॉक्टरों ने उसे तुरंत ICU में भर्ती कर लिया और इमरजेंसी ट्रीटमेंट शुरू कर दिया। ईवलिन चारों तरफ़ से मशीनों से घिरी हुई लेटी थीं, जिनकी बीपिंग उसकी नाजुक होती धड़कनों के साथ मेल खा रही थी।

एक अनजानी जंग

अगले तीन दिन अस्पताल एक युद्ध के मैदान की तरह हो गया। हर पल... हर सांस... एक लड़ाई थी।

डॉक्टरों ने दो राउंड डायलिसिस किया, दवाइयाँ बदलते रहे, एंटीबायोटिक्स बढ़ाई गईं। हर संभव इलाज किया गया, लेकिन ईवलिन का शरीर कोई प्रतिक्रिया नहीं दे रहा था।

आईसीयू के बाहर, सुचित उनकी रिपोर्ट्स पर नजर गड़ाए बैठा था। मशीनों की बीप... मॉनिटर पर झिलमिलाती रेखाएँ... सबकुछ एक तरह की उलझन में था।

डॉक्टरों ने सुझाव दिया कि उन्हें किसी बड़े अस्पताल में रेफर किया जाए।

लेकिन सुचित झिझक गया।

"हर बार जब भी माँ यहाँ भर्ती हुई, वह और मजबूत होकर वापस आई," उसने सोचा। *"इस बार भी ऐसा ही होगा।"*

भतीजे-भतीजियों का अटूट प्रेम

ईवलिन की सेवा में उनके सारे भतीजे-भतीजियाँ भी मौजूद थे।
वे सब जानते थे कि उनकी फूफी सिर्फ रिश्ते में फूफी नहीं थीं। वे उनकी माँ जैसी थीं।
"फूफी ने हमें कभी पराया नहीं समझा," किट्टी ने धीरे से शीबा से कहा।
"उनका प्यार सच्चा है... उन्होंने हमें हमेशा सिखाया कि रिश्ते प्रेम और करुणा से बनते हैं।"

घर वापसी – एक अस्थायी शांति

जब ईवलिन घर लौटीं, तो ऐसा लगा जैसे सारा घर एक आईसीयू में बदल गया हो। ऑक्सीजन कंसंट्रेटर, सक्शन मशीन, BP मॉनिटर, मेडिकल बेड और देखभाल के लिए नर्स—जो समय पर आ कर ईवलिन को मेडिसिन देता और चेकअप करता ।
फिर एक पल्मोनरी के डॉक्टर से कंसल्ट किया गया और पाँच दिन तक दवाइयाँ दी गईं। उन्हें राइस ट्यूब से खाना खिलाया गया। और सबसे बड़ी बात—उनके चेहरे पर हल्की सी जागरूकता बनी रही। वे आँखों से सबकुछ पहचान रही थीं।
जब भी कोई उनसे कुछ पूछता, वे हल्के से सिर हिलाकर जवाब देतीं।
इतनी कमजोरी के बावजूद भी उनकी मौजूदगी में एक ताकत थी।
लेकिन उनके भीतर चल रहा तूफ़ान अब भी थमा नहीं था।
रिपोर्ट्स में कोई सुधार नहीं दिखा।
उनके सफेद रक्त कणिकाओं की संख्या अब भी ख़तरनाक रूप से अधिक थी। उनका शरीर उपचार का जवाब नहीं दे रहा था। फिर भी, उम्मीद की एक छोटी-सी किरण बची हुई थी—उनकी किडनी पूरी तरह से बंद नहीं हुई थी। मूत्र पास हो रहा था। यह एक छोटी जीत थी, लेकिन फिलहाल इसे थामे रहने के लिए यही काफी था।
और तभी, नेफ्रोलॉजिस्ट की चेतावनी किसी तीखे तीर की तरह उनके दिल में समा गई।
"अगर झटके (सीज़र्स) शुरू हुए, तो वह इसे सहन नहीं कर पाएंगी। अगर हमने और देर की, तो उन्हें बचाना नामुमकिन होगा।"
ये शब्द सुचित के दिमाग़ में गूँज उठे।
इसी बीच, एक अन्य डॉक्टर, जो उनके करीबी मित्र भी थे, ने उन्हें वह सलाह दी जिसने सबकुछ बदल दिया।
"तुम्हें उनकी आख़िरी साँस तक लड़ना होगा। इसे भाग्य पर नहीं छोड़ा

जा सकता।"

बेटे का दिल बोझिल हो गया, वो अपनी माँ को दूर भी नहीं जाने देना चाहता था, और अंतिम समय में माँ परिवार के सामने रहे, ख़ास तौर पर पिता के करीब यही वही वह चाहता था। लेकिन परिस्थितिया कुछ और ही जवाब दे रही थी।

फिर से ICU – अंतिम संघर्ष

ईवलिन को तुरंत अस्पताल ले जाया गया। वहाँ हर पल, हर सेकंड बेहद कीमती था।

एक समय जो शरीर ऊर्जा और ताक़त से भरा हुआ था, अब वही शरीर अस्पताल के बिस्तर पर निढाल पड़ा था—कमज़ोर और थका हुआ।

डॉक्टरों ने उन्हें वेंटिलेटर पर रखा। उनकी साँसें धीमी थीं, और प्रतिक्रिया बेहद हल्की। डायलिसिस फिर से शुरू हुआ, खून चढ़ाने की तैयारी की गई। उन्हें बचाने के लिए हर संभव कोशिश की जा रही थी।

परिवार ने पिछली रात उनकी इंटुबेशन में मदद की थी—वो पल डर और ज़िम्मेदारी से भरा हुआ था। और अब, जब वे उन्हें मशीनों से जुड़ा हुआ देख रहे थे, तो उनके दिल से सिर्फ एक प्रार्थना निकली—एक और चमत्कार।

अंतिम क्षण

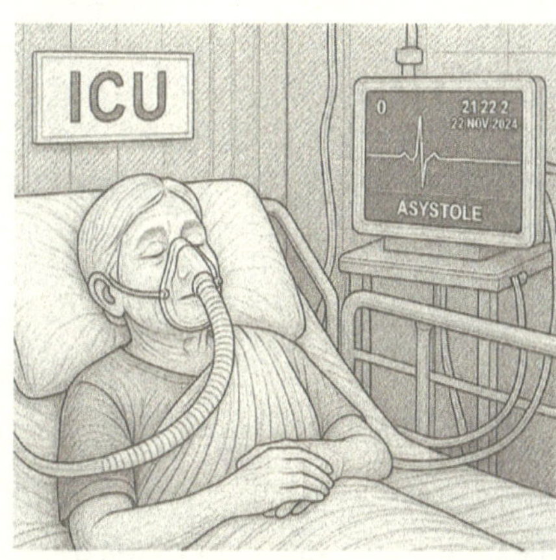

संक्रमण फैल चुका था। उनकी किडनियाँ, जो पहले ही संघर्ष कर रही थीं, लगभग जवाब दे चुकी थीं। उनका शरीर धीरे-धीरे ठंडा हो रहा था। शरीर का तापमान **96°F** तक गिर चुका था। ऑक्सीजन सैचुरेशन **92%** पर था, लेकिन दिल की धड़कन धीरे-धीरे कमजोर पड़ रही थी।

अगली सुबह, उन्हें इमरजेंसी से ICU में शिफ्ट किया गया।

जैसे ही ICU में उनकी स्थिति स्थिर करने की कोशिश हुई, डॉक्टरों ने तुरंत उन्हें **वेंटिलेटर** पर रखा। उनकी हालत गंभीर थी, और डॉक्टर अब डायलिसिस और ब्लड ट्रांसफ्यूजन की तैयारी में थे।

लेकिन एक और बड़ी समस्या थी—**उनका ब्लड प्रेशर सामान्य नहीं हो रहा था।**

डॉक्टरों ने नोरएड्रेनालिन (Norad) का तेज़ इन्फ्यूज़न चालू रखा, ताकि उनका BP नियंत्रण में आए।

समय धीरे-धीरे बीत रहा था... और हर बीतता पल, उम्मीद और चिंता का एक नया अध्याय लिख रहा था।

लेकिन फिर... वह क्षण आ ही गया।

22 नवंबर 2024, शाम के 7:22 बजे।

ईवलिन ने अपनी आखिरी साँस ली।

हार्ट मॉनिटर की बीप धीमी होती गई। लाइन्स सीधी हो गईं। मशीनें शांत हो गईं। जिस दिल ने एक पूरी ज़िंदगी प्यार किया, सहेजा, और सुरक्षा दी... वह धड़कना बंद कर चुकी थी।

अंतिम निष्कर्ष: **कार्डियोपल्मोनरी अरेस्ट।**

वह योद्धा, जिसने अपने जीवन में हर तूफान से संघर्ष किया था... आज अपनी अंतिम लड़ाई लड़ चुकी थी।

एक विरासत जो हमेशा जीवित रहेगी

ईवलिन का बेटा अपनी माँ के अंतिम क्षणों में उनके पास नहीं था। वह घर से हॉस्पिटल के लिए निकलने ही वाला था।

यह पछतावा हमेशा उसके दिल में रहेगा।

लेकिन जो भतीजी उनके पास ICU में मौजूद थी, उन्होंने बाद में बताया— *"उन्होंने अपनी आँखें खोलीं, हमारी तरफ देखा... और फिर धीरे-धीरे उन्हें आखिरी बार बंद कर लिया।"*

क्या उस अंतिम क्षण में उन्होंने अपने पति के बारे में सोचा? अपने बच्चों के बारे में? या अपने छोटे से पोते के बारे में?

कोई नहीं जान पाएगा।

लेकिन एक बात निश्चित थी—उन्हें यह एहसास था कि वे गहराई से प्यार करती थीं।

ईवलिन ने अपना जीवन एक योद्धा की तरह जिया।

एक माँ के रूप में, एक शिक्षिका के रूप में, और एक ऐसी स्त्री के

रूप में, जिसकी आस्था कभी नहीं डगमगाई।

उन्हें पहले भी परमेश्वर ने कई बार अतिरिक्त साल दिए थे। और हर कोई यही मानता था कि वे इस बार भी इस संघर्ष से उबर जाएँगी।

लेकिन परमेश्वर की योजना पूरी हो चुकी थी।

ईवलिन, ने अपनी दौड़ के 83 वर्ष और जार्ज के साथ 53 पूरे कर लिए थे।

अब, वह आराम कर रही थीं।

सेप्सिस ने उनके शरीर को हराया, लेकिन वह कभी भी उनका प्यार, उनकी ताकत, या उनकी विरासत को नहीं छीन सका।

ईवलिन सिर्फ एक मदर नहीं थीं।

वह एक **टाइमलेस मदर** थीं।

और भले ही उन्होंने यह दुनिया छोड़ दी हो, उनका प्रेम हमेशा रहेगा।

हमेशा के लिए।

सैम की मासूम उम्मीद

घर में, छोटा सैम अपनी दादी का इंतज़ार कर रहा था। वह अपनी माँ एस्तेर की गोद में बैठा था, मासूम आँखों से दरवाजे की ओर देखते हुए। अगले दिन **23 नवंबर** को उसका जन्मदिन था—**वह दो साल का होने वाला था।** उसने अपनी दादी से वादा किया था कि वह मिलकर केक काटेगा। वह इंतज़ार कर रहा था... यह जाने बिना कि उसकी दादी अब स्वर्ग से उसे आशीषे दे रही थीं।

23. आखिरी उम्मीद – स्वर्ग की यात्रा

FADE IN:

EXT. स्वर्गीय लोक – मद्धिम सुनहरी रोशनी – अनंत प्रकाश

आकाश में दूर-दूर तक सुनहरी चमक बिखरी है। एक विस्तृत, अवर्णनीय प्रकाश जो किसी भी मानवीय कल्पना से परे है। यहाँ की हवा धर्ममय आभा और शांति से भरी है। हल्की मधुर आवाज़ों में स्वर्ग दूतों का मधुर संगीत गूंज रहा है।

दूर कहीं, एक रौशनी से दमकता नगर दिखाई देता है—यरूशलेम, परमेश्वर का पवित्र नगर।

उस नगर की सड़कों पर जीवन की नदियाँ बह रही हैं, परमेश्वर के सिंहासन की दिव्यता को प्रतिबिंबित करती हुई।

यहाँ की हवा में शांति, प्रेम और अपनत्व गहराई तक बसा हुआ है।

CUT TO: पृथ्वी – INTR. अस्पताल का कमरा – रात

समय मध्यरात्रि ३ बजे आस पास:

एक अंधेरा और शांत अस्पताल कक्ष।

बीप... बीप... बीप...दिल की धड़कन नापने वाला मॉनिटर अपनी नियमित लय में बजता रहता है—एक धीमी, लेकिन डरावनी धुन।

कमरे में एंटीसेप्टिक की गंध फैली है और साथ ही एक ऐसी ख़ामोशी जो गायब होती उम्मीद—की गवाही देती है।

मध्यरात्रि के 3 बजे है, मैं अपनी माँ के पास बैठा हूँ INTUBATION दे रहा हूँ, मेरी हथेलियाँ उनकी बेजान, ठंडी हथेलियों को थामे हुए हैं।

यही वे हाथ हैं जिन्होंने बचपन में मेरे नन्हे कदमों को थामा था।

अब उनकी सांसें चल रही हैं, लेकिन बहुत हल्की।

मैं उनके हाथ को कसकर थामता हूँ। मेरी आवाज़ में कंपन है।

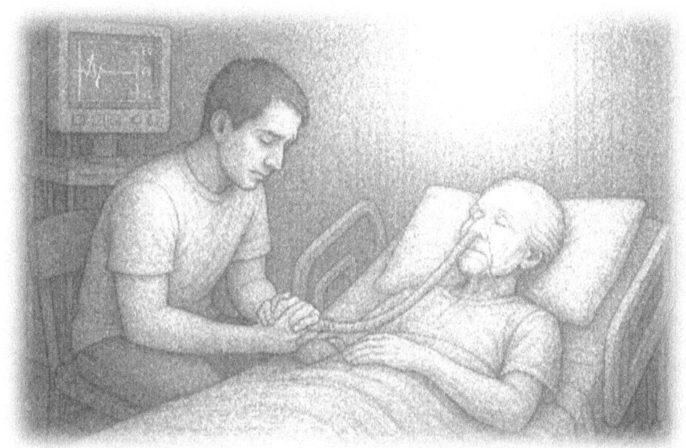

मैं धीरे से बुदबुदाता हूँ—

"मम्मी...प्लीज़...मत जाओ...कुछ समय और ठहर जाओ।"

उनकी पलकें हल्की सी हिलती हैं, लेकिन वे कुछ नहीं कहतीं।

मेरी आँखों में आँसू आ जाते हैं। मेरी दृष्टि धुंधली हो जाती है। मेरा दिल भारी हो जाता है—जैसे कोई पत्थर उस पर रखा हो।

मैं अपनी उँगलियों की जकड़ में अपना माथा टिकाता हूँ और आँसुओं में डूबकर प्रार्थना और गुहार करता हूँ।

अचानक... कमरे की हवा बदल जाती है। कुछ अलग सा महसूस होता है।

एक सौम्य और दिव्य प्रकाश नीचे उतरता है।

प्रकाश में लिपटी एक दिव्य आकृति सामने आती है—यीशु उनकी उपस्थिति असीम करुणा और शांति से भरी है।

वे मेरी माँ के पास झुकते हैं और अपने कोमल हाथों से उनके माथे को छूते हैं।

मेरी माँ हल्की सी हिलती हैं, जैसे उन्होंने किसी पहचानने वाले को महसूस किया हो। उनका कमजोर शरीर अब बोझ नहीं है। उनकी आत्मा जागृत हो रही है।

यीशु उनके चेहरे को गहरी करुणा से देखते हैं और धीमे से कहते हैं—

"बेटी, तुम्हारी यात्रा पूरी हो चुकी है। अब घर चलने का समय है।"

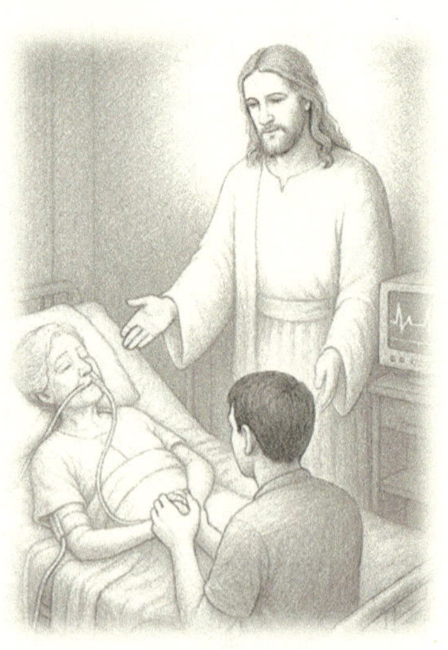

मेरी माँ अपनी पलकें झपकाती हैं।
कई महीनों बाद पहली बार, उन्हें कोई दर्द महसूस नहीं होता।
उनके चारों ओर दिव्य गरमाहट फैल जाती है।

वे यीशु की ओर देखती हैं, और फिर अपने पीछे की ओर—धरती पर—जहाँ मैं उनके ठंडे हाथों को अब भी थामे हुए बैठा हूँ।

उनकी आवाज़ हल्की सी, लेकिन बेहद भावुक होती है—

"लेकिन...मेरा बेटा...मेरा पति...?"

यीशु हल्के से मुस्कुराते हैं। वे उनकी भावना को समझते हैं।

"प्रेम कभी समाप्त नहीं होता। यह अलविदा नहीं है... यह बस एक नई शुरुआत है।"

CUT TO: स्वर्गीय लोक – समयहीन

उनके पीछे, स्वर्गीय पुनर्मिलन का दृश्य उभरता है।

उनके माता-पिता, भाई-बहन, और अन्य प्रियजन—

जो पहले ही स्वर्ग में हैं—मुस्कुराते हुए खड़े हैं, अपनी बाँहें फैलाए हुए।

मेरी माँ अपने पिता को देखती हैं—

वही पिता जिन्होंने जीवनभर उनका साथ दिया था। उनकी आँखें खुशी के आँसुओं से भर जाती हैं।

फिर, वे अपने प्रियजनों के साथ एक स्वर्गीय आलिंगन में बंध जाती हैं।

दिल की धड़कन नापने वाले मॉनिटर की आवाज़ धीमी होती जाती है।

फिर एक लंबी, थमी हुई **बीईईईईईपी—**

कमरे में गहरी ख़ामोशी छा जाती है।

मैं चीखता नहीं हूँ।
न ही तुरंत रोता हूँ।
मैं बस चुपचाप देखता रहता हूँ।

मेरे हाथ अब भी उनकी शांत हो चुकी हथेलियों को थामे हुए हैं।

लेकिन तभी... कुछ अप्रत्याशित होता है। कमरे में शांति का अनुभव होता है। यह शांति खालीपन की नहीं है। यह निराशा की नहीं है। यह आत्मिक शांति है।

जैसे कुछ अनदेखा लेकिन अनिवार्य घटित हो चुका है। जैसे वे अंधकार में नहीं गईं... बल्कि प्रकाश में समा गईं।

यह वचन जैसे एक गहरी सांत्वना का संदेश था—प्रेम और विश्वास की एक ऐसी मशाल, जो अंधकार में भी मार्ग दिखाती है।

जब यह वाक्य गूँजता, ऐसा लगता मानो कोई सुदूर क्षितिज पर छुपे हुए प्रकाश की ओर इशारा कर रहा हो।

यह सिर्फ शब्द नहीं थे, बल्कि एक ऐसा आश्वासन था जो हृदय के भीतर गहराई से उतरता और उसमें अमिट विश्वास भर देता।

उन लोगों के लिए जो किसी अपने को खो चुके थे, यह वचन उनके आँसुओं में भी आशा का बीज बोता।

यह याद दिलाता कि मृत्यु अंत नहीं है, बल्कि एक नई शुरुआत का द्वार है।

जिन्होंने यीशु में विश्वास किया है, उनके शरीर केवल सो रहे हैं— उनके शरीर एक दिन जाग उठेंगे।

और जब उस अंतिम पुनर्मिलन का दिन आएगा, वे परमेश्वर की उपस्थिति में फिर से जीवित होंगे, अपने प्रियजनों के साथ एक नये स्वर्ग में वास करेंगे।

यह आशा केवल शब्दों तक सीमित नहीं थी, बल्कि एक जीता-जागता विश्वास था जो जीवन की हर पीड़ा और हर संघर्ष में सहारा बनता।

मेरे आँसू गिरते हैं, लेकिन वे केवल दुःख के आँसू नहीं हैं।

वे **प्रेम, यादों और उम्मीद** से भरे हुए आँसू हैं।

मैं ऊपर देखता हूँ और टूटी हुई आवाज़ में फुसफुसाता हूँ—

"मम्मी... हम फिर मिलेंगे... परमेश्वर के समय में।"

FADE TO WHITE !

24

एक स्नेहमयी छवि
और अमिट यादें

ईवलिन का प्रेम आज भी उन सभी के दिलों में जीवित है, जिनके जीवन को उन्होंने अपने स्नेह से छुआ था।

यह अनुभाग उनकी भतीजी किटी द्वारा साझा की गई स्मृतियों का संग्रह है—उन यादों का, जो ईवलिन जैसी अद्भुत महिला के जीवन और उनकी महानता की गवाही देती हैं।

फुप्पो - एक प्रेम, धैर्य, और करुणा का प्रतिक

वो हमारी फुप्पो थीं, हमारी प्यारी बुआ जी, मेरे पिताजी की सबसे छोटी बहन।

मैं, कैथरीन, उनके बीच वाले भाई की छोटी बेटी हूँ, जिन्हें वो प्यार से "लेवी भाई" कहती थीं।

जब उनके भाई यानी मेरे पिता की पहली पत्नी का निधन हुआ, तब मेरा जन्म हुआ। मैं सिर्फ एक साल और एक महीने की थी, जब मैंने पहली बार अपनी फुप्पो की गोद में अपने लिए एक माँ का प्यार पाया।

मुझे वो पल तो याद नहीं हैं, लेकिन मेरे परमेश्वर और मेरी फुप्पो ने मुझे तब से ही जान लिया था।

वो हमेशा मुझे अपने स्नेह की याद दिलाते हुए कहतीं, *"जब से तुम छोटी बच्ची थी, मैंने तुम्हें अपनी बाहों में सँभाला है। मैं तुम्हारी माँ नहीं थी, लेकिन तुम्हें मेरी गोद में माँ का स्नेह मिला।"*

उनका प्रेम मेरी ज़िंदगी में हमेशा एक स्थायी उपस्थिति की तरह रहा।

जिस तरह से वो मुझे अपनी गोद में लेकर प्यार करतीं, मेरे साथ खेलतीं, और मेरे साथ समय बितातीं—वो पल किसी सपने से कम नहीं थे।

मेरे लिए, वो सिर्फ एक फुप्पो नहीं थीं। वो मेरी माँ थीं।

उनमें एक अद्वितीय गरिमा थी।

उनकी साड़ियाँ हमेशा हल्के रंग की होतीं। उन्होंने कभी गहरे या भारी कपड़े नहीं पहने।

आज भी मुझे उनकी एक ख़ास साड़ी याद है—एक सफेद मलमल की साड़ी, जिस पर छोटे-छोटे काले फूल और एक हल्की किनारी थी।

वो साड़ी मेरी यादों में अब भी ताज़ा है।

उनकी हेयरस्टाइल हमेशा साफ-सुथरी और खूबसूरत रहती थी।

जिस दिन से मैंने दुनिया को समझना शुरू किया, मैंने उनमें वही अनुपम सौंदर्य देखा।

उन्होंने कभी लिपस्टिक नहीं लगाई, कभी कोई फैंसी क्रीम नहीं लगाई, और न ही कभी फेशियल करवाया।

वो बस एक चीज़ इस्तेमाल करती थीं—बोरोलीन।

वो छोटी हरी ट्यूब उनकी सबसे पसंदीदा थी।

यहाँ तक कि आज भी उसकी हल्की, सुखद खुशबू मेरी यादों में बसी हुई है।

वो गाँधी स्मारक स्कूल, गणेश गंज में एक समर्पित शिक्षिका थीं।

हर दिन वो सलीके से तैयार होकर जाती थीं—उनकी साड़ी का हर प्लीट सही जगह पर होता।

मुझे उन पर इतना अधिक गर्व और लगाव था कि मैं भी उनकी तरह अपने बाल बनाना चाहती थी और उनकी तरह ही दुपट्टा ओढ़ना चाहती थी।

उनका दिल प्रेम, धैर्य, और करुणा से भरा था— ठीक उसी तरह जैसे यीशु का स्वभाव।

परिवार के हर बच्चे को वो बेहद प्यार करती थीं।

उन्होंने अपने सभी भाइयों के बच्चों को समान रूप से स्नेह दिया—कभी किसी में भेदभाव नहीं किया।

लेकिन, सभी बच्चों में से, मैं उनके सबसे करीब थी।

मुझे आज भी उनकी शादी का दिन याद है—**25 मई**, 1971

उस दिन वह सफेद पोशाक में बला की खूबसूरत लग रही थीं। उनकी बड़ी-बड़ी भूरी आँखें काजल से सजी हुई थीं, और उनके चेहरे पर ऐसी चमक थी कि सबकी निगाहें उन पर टिक गईं।

शादी के दौरान मैं बार-बार उनके पास दौड़कर जाती, उनकी गोद में बैठ जाती और उन्हें कसकर पकड़ लेती। जैसे ही विदाई का समय आया, मैं फूट-फूटकर रोने लगी। मुझे यह बात किसी भी हाल में मंज़ूर नहीं थी कि वह मुझे छोड़कर जाएँ। मैंने ज़िद पकड़ ली कि मैं भी उनके साथ जाऊँगी।

उस पल से हमारी यात्रा शुरू हुई—निगोहा और कनकहा की, जहाँ वह एक सरकारी शिक्षिका के रूप में नियुक्त थीं।

मैं हमेशा उनके साथ रहती। मैं उनसे चिपकी रहती, ट्रेन यात्राएँ करती, और उनकी गोद में खेलती। उनसे अलग होने का ख्याल भी कभी मन में नहीं आया।

जब शीबा के जन्म का समय आया, मैं उनके साथ कैन्टोमेंट मिलिट्री अस्पताल में रुकी।

मैं बहुत छोटी थी, और अधिक कुछ समझ नहीं सकती थी, लेकिन यह बात मुझे अच्छे से पता थी कि उन्हें मेरी ज़रूरत थी।

जब अस्पताल के लोग मुझे वहाँ से जाने के लिए कहते, मैं हठ पकड़ लेती और वहाँ से हटने का नाम नहीं लेती।

और अगले दिन सुबह जब शीबा का जन्म हुआ, मेरा दिल खुशी से भर गया। उनके चेहरे पर जो चमक थी, वह मेरे लिए सबसे अनमोल क्षण था।

उनका सदर का घर हमारा दूसरा घर बन गया।

हर सुबह, हम सब बच्चे उनके घर इकट्ठा होते और फिर सुबह की सैर के लिए निकलते।

यह हमारी बचपन की सबसे प्यारी आदतों में से एक थी।

उनका प्यार कभी नहीं बदला, चाहे हमारी उम्र कितनी भी बढ़ गई हो।

मैं हमेशा परमेश्वर का शुक्रगुजार रहूँगी कि उन्होंने हमारे रॉस परिवार को इतनी अद्भुत फुप्पो का आशीर्वाद दिया।

मेरे पिता और चाचा ने अपनी पत्नियों को खो दिया था, लेकिन परमेश्वर ने हमारी फुप्पो को हमारे जीवन में बनाए रखा, ताकि वह अपने अनंत प्रेम से उस खालीपन को भर सकें।

शादी के बाद भी, मैं अपने बच्चों के साथ फुप्पो के पास जाती रही।

उनका घर मेरे बच्चों का भी दूसरा घर बन गया।

लेकिन सबसे ज्यादा उनकी परमेश्वर पर गहरी आस्था ने मुझे प्रभावित किया।

उनकी विश्वास, सहनशक्ति, और परमेश्वर की योजनाओं में अटूट आस्था ने उनके जीवन को आकार दिया। वह एक सशक्त महिला थीं, एक ऐसी मिसाल, जो सिखाती है कि एक सच्ची, आदर्श महिला कैसी होनी चाहिए—ईमानदार, दयालु, और छल-कपट से कोसों दूर।

उन्होंने कभी झूठ नहीं बोला, कभी किसी की बुराई नहीं की, और कभी किसी के प्रति कठोर भाव नहीं रखा।

वह धैर्य और करुणा की जीती-जागती मूर्ति थीं।

कठिन परिस्थितियों में भी उन्होंने अपने दिल में कभी कड़वाहट नहीं पनपने दी।

वह एक अद्भुत महिला थीं।

वह थीं... और आज भी हैं—क्योंकि वह हमारे दिलों में जीवित हैं।

उनका घर हमेशा प्यार और गर्मजोशी से भरा रहता।

यहाँ तक कि मेरा बेटा जय, जिसने एक बार उनके साथ एक महीने बिताया था, घर लौटकर मुझसे कहता,
"नानी ने मुझे मोटा कर दिया!"

उन्होंने अपने बच्चों की परवरिश बड़े खूबसूरत ढंग से की।

उन्होंने उन्हें प्रेम और करुणा का पाठ पढ़ाया।

उन्होंने हम सबको सिखाया कि परिवार का मतलब निःस्वार्थ प्रेम है।

उन्होंने हमें सिखाया कि भले ही जीवन कितना भी कठिन हो जाए, हमें हमेशा अपने विश्वास और अपने परिवार की मजबूती से खड़ा रहना चाहिए।

वह हमेशा हमारे साथ थीं।

हमारी ढाल बनकर, हमारी रक्षा करती हुईं।

और वही तो हमारी फुप्पो थीं—एक रक्षक, एक पोषक, और हमारे जीवन का एक अनमोल आशीर्वाद।

उनके पति, हमारे फूफा जी भी एक अद्भुत जीवनसाथी थे, जो हर पड़ाव पर प्यार और समर्थन से उनके साथ खड़े रहे।

हालाँकि वह अब शारीरिक रूप से हमारे बीच नहीं हैं,

वह हमारे दिलों में, हमारी यादों में, और उस प्रेम में जीवित हैं, जो उन्होंने हमारे लिए छोड़ा।

मैं परमेश्वर से प्रार्थना करती हूँ कि हमारे परिवार में उनका प्रेम और एकता कभी ना खोए।

उनके बच्चे और पोते-पोतियाँ हमेशा समृद्ध और आशीर्वादित रहें।

उन्होंने करुणा, विश्वास, और धैर्य के बीज बोए हैं—

और मेरी प्रार्थना है कि उनकी इस फसल को कभी कोई चुरा न सके।

मैं परमेश्वर की आभारी हूँ कि उन्होंने हमें इतनी अनमोल फुप्पो—एक माँ, एक मार्गदर्शक, और एक आशीर्वाद दिया।

- कैथरीन (किटी)

एक स्नेहमयी छवि और अमिट यादें

मेरा बचपन मेरी प्यारी फुप्पो के प्यार और ममता में बुना हुआ था। वह मेरे लिए सिर्फ एक फुप्पो नहीं थीं—वह मेरी मार्गदर्शक, मेरी देखभाल करने वाली, और मेरी दूसरी माँ थीं। मेरे जीवन के प्रारंभिक दिनों से ही, उन्होंने मेरी दुनिया को आकार देने में अहम भूमिका निभाई।

मुझे आज भी वो दिन याद हैं जब वह अपने नर्म हाथों से मेरा छोटा-सा

हाथ थामे मुझे स्कूल ले जाया करती थीं। वह सुनिश्चित करती थीं कि मैं अपनी कक्षा में ठीक से बैठ जाऊँ, और दोपहर के भोजन में, प्यार से मेरे हाथों में बेसन के लड्डू रख देती थीं, यह सुनिश्चित करते हुए कि मुझे कोई कमी महसूस न हो।

स्कूल ले जाना और वापस घर लाना उनके लिए सिर्फ एक जिम्मेदारी नहीं थी—यह उनके प्यार का एक हिस्सा था, जिसे वह दिल से निभाती थीं।

शादी के बाद भी, उनका हमारे लिए प्यार कभी नहीं बदला। उनकी शादी के समय हम बच्चे इतना रोए कि सब हैरान रह गए। हम यह सोच भी नहीं सकते थे कि अब फुप्पो हमारे घर में हर दिन नहीं रहेंगी। हल्दी की रस्म, शादी का उत्सव, और फिर उनकी विदाई—ये सभी यादें आज भी मेरे दिल में ज्यों की त्यों बसी हैं।

लेकिन अपने ससुराल जाने के बाद भी, वह हमसे कभी दूर नहीं हुईं। वह हमें हमेशा अपने नए घर में बुलातीं, और जब भी हम वहाँ जाते, वह हमें उसी पुराने स्नेह और गर्मजोशी से गले लगातीं।

मुझे वो दिन भी याद हैं जब वह डिस्ट्रिक्ट बोर्ड स्कूल में पढ़ाया करती थीं। अक्सर वह मुझे भी अपने साथ स्कूल ले जातीं, मुझे साड़ी में खूबसूरती से सजातीं, और फिर गर्व से अपने छात्रों से कहतीं, *"यह मेरी भांजी है, बहुत पढ़ी-लिखी है।"*

उनकी आँखों में मेरे लिए गर्व साफ झलकता था, और मुझे उनके साथ होने में असीम खुशी महसूस होती थी। उनके साथ बिताए वे पल मेरे लिए किसी अनमोल खजाने से कम नहीं थे।

उनका प्यार सिर्फ मुझ तक ही सीमित नहीं था—यह मेरे बच्चों, अमन और अर्पण, तक भी फैला हुआ था। उन्होंने हमेशा उनकी पढ़ाई, उनकी सेहत और उनके जीवन के बारे में पूछा। यहाँ तक कि अपनी सेहत के संघर्षों के दौरान भी, उन्होंने हमारी चिंता करना और हमारे लिए प्रार्थना करना कभी नहीं छोड़ा।

उनका दिल इतना बड़ा था कि उसमें हर किसी के लिए जगह थी। उन्होंने मेरे माता-पिता को भी अपने माता-पिता जैसा प्यार दिया और उनके प्रति अपना स्नेह हमेशा खुलकर व्यक्त किया।

मुझे आज भी याद हैं वे अनगिनत पल जब फुप्पो हमारे घर आतीं, हमारे साथ समय बितातीं, और यह सुनिश्चित करतीं कि हम सभी ठीक हैं।

एक और प्यारी याद जुड़ी है उनके बच्चों, शीबा, रिंकू और सुचित के साथ।

क्योंकि फुप्पो एक वर्किंग वुमन थीं, उन्होंने अपने बच्चों को हमारे भरोसे छोड़ दिया। हम उन्हें अपनी छोटी बहनों और भाई की तरह प्यार से रखते, और साथ में खेलते, हँसते और बड़े हुए।

मुझे वो पल आज भी याद है जब मेरे पिता अपने साइकिल पर शीबा, रिंकू और सुचित को हमारे घर छोड़ते। हम खुशी से उनका स्वागत करते और उन्हें ऐसा महसूस कराते जैसे वे हमारे ही परिवार का हिस्सा हों।

समय के साथ, मेरे पति, अमर, का भी फुप्पो के प्रति गहरा सम्मान और लगाव हो गया। जब भी हम फुप्पो से मिलने जाते, वह हमेशा अमर के बारे में पूछतीं, *"अमर कहाँ है?"* और सुनिश्चित करतीं कि वह भी हमारी बातों का हिस्सा बनें। अमर भी उनका बहुत सम्मान करते थे और उन्हें बेहद मानते थे। अपने जीवन के अंतिम दिनों तक, फुप्पो ने अपने कर्तव्यों को पूरे सम्मान और गरिमा के साथ निभाया।

उन्होंने प्यार, सेवा और आस्था से भरा जीवन जिया। मुझे पूरी आशा है कि उनकी जैसी पवित्र आत्मा ने स्वर्ग में अपना स्थान अवश्य पा लिया होगा।

फुप्पो, आप हमेशा हमारे दिलों में रहेंगी।

आपका प्यार, आपकी सीख, और आपकी उपस्थिति कभी फीकी नहीं पड़ेगी। हम आपको प्यार करते हैं, आपको याद करते हैं, और आपके साथ बिताए हर पल को संजोते हैं।

– वाइला (गुड़िया)

स्वर्गीय माँ को बेटी का श्रद्धांजलि संदेश

मैं अपनी माँ की उजली मुस्कान, उनकी खिलखिलाती हँसी, और उनके विशाल हृदय को आज भी स्पष्ट रूप से याद करती हूँ।

मुझे वह समय याद आता है, जब मेरी माँ ने हमेशा दूसरों को खुद से पहले रखा। उनका लोगों की बातों को धैर्य और सहानुभूति से सुनना, उनका हर व्यक्ति को अपनापन और स्नेह देना, यह सब अब भी मेरी यादों में गहराई से बसा है।

मुझे याद है, जब मेरी माँ ने मुझे सिखाया कि मज़बूत कैसे बना जाता है।

उन्होंने मुझे सिखाया कि बहादुर बनना है, और हर परिस्थिति में दयालु रहना है। उन्होंने मुझे हमेशा प्रोत्साहित किया कि अपने सपनों का पीछा करो, कभी हार मत मानो, और खुद पर हमेशा विश्वास रखो।

आज मेरी माँ हमारे बीच नहीं हैं, पर उनका प्यार, उनकी यादें और उनकी अनमोल सीख मेरे दिल में हमेशा जीवित रहेंगी। मैं उनकी ज़िंदगी, उनके प्यार और उनकी विरासत को आगे बढ़ाऊँगी। मैं उनकी कहानियों को, उनकी यादों को, और उनकी हँसी को बार-बार सुनाऊँगी और उन्हें संजोए रखूँगी। मैं उनकी याद में ऐसा जीवन जिऊँगी, जिसमें उद्देश्य होगा, जुनून होगा, और सबसे बढ़कर – सच्चा प्यार होगा।

मेरी माँ का प्रेम अजर-अमर है।

यह प्रेम मेरी राह हमेशा दिखाता रहेगा, मुझे सुकून देगा, और मुझे प्रेरित करता रहेगा, चाहे वह शारीरिक रूप से हमारे बीच न भी हों।

इस बात का मुझे हमेशा सुकून रहेगा कि मेरी माँ अब स्वर्ग में हैं – हमें ऊपर से देख रही हैं, मुझ पर गर्व कर रही हैं और मेरे हर कदम में खुशी महसूस कर रही हैं।

आराम से सो जाओ, मेरी प्यारी माँ। तुम्हारा प्रेम, तुम्हारी हँसी, और तुम्हारी अनमोल विरासत को कभी भुलाया नहीं जा सकेगा।

"आज मैंने तुम्हारे बारे में सोचा।
लेकिन यह कोई नई बात नहीं है।
कल भी तुम्हारे बारे में सोचा था,
और उससे पहले भी कई दिनों तक।

कभी-कभी खामोशी में तुम्हें याद करती हूँ।
अक्सर तुम्हारा नाम पुकारती हूँ।
मेरे पास अब तुम्हारी बस यादें हैं
और वो तस्वीर...
जो एक फ्रेम में सजी है।

यह यादें, यह अनमोल धरोहर,
जिससे मैं कभी भी जुदा नहीं हो पाऊँगी।

परमेश्वर ने तुम्हें अपनी बाहों में सहेजा है,

और मैंने तुम्हें अपने दिल में समेटा है।"

– शीबा

फिर मिलेंगे, नानी...

तुमने मेरा हाथ थामा जब मैं छोटी थी,
तुमने मुझे हर बार सँभाला, जब भी मैं गिरी थी।
सिर्फ मेरी दादी नहीं, बल्कि मेरी मार्गदर्शक,
माँ जैसा गहरा और असीम प्रेम देने वाली।

तुमने मेरे आँसू पोंछे, मेरे डर को शांत किया,
तुमने हर साल, हर कदम पर मेरा साथ दिया।
एक ऐसा प्रेम – पवित्र, गहरा और सच्चा,
मेरी प्यारी ननन, तुम्हारी बहुत याद आती है।

तुम्हारी मीठी आवाज़, तुम्हारी ममतामयी देखभाल,
तुम हमेशा वहीं थीं – मेरे हर दर्द की दवा।
हर कहानी जो तुम सुनाती थीं, हर गीत जो तुम गाती थीं,
अब मेरे दिल में गूँजते हैं – गहराई से और मजबूती से।

मैं तुम्हें इतना याद करती हूँ, जितना शब्द कभी बयान नहीं कर सकते,
लेकिन तुम हमेशा मेरे दिल में रहोगी।
और भले ही तुम मुझसे बहुत दूर हो,
ननन, बस यह जान लो –
कभी न कभी, मैं तुम्हें फिर ढूँढ़ लूँगी। :)

उस दिन तक, मैं तुम्हें अपने पास रखूँगी,
स्मृतियों की उजली धरोहर में, और सच्चे प्रेम में।

– समैन्था

ए टाइमलेस मदर

www.ingramcontent.com/pod-product-compliance
Lightning Source LLC
Chambersburg PA
CBHW031035160726
47991CB00005B/1891